U0064956

氣質硬筆1000字帖

作者／郭仕鵬

作者序

一手美字　是陪伴你一生的簡單幸福

筆者的寫字之路，從小學一年級開始。猶記得那年，一日在路旁看到書法班佈告欄上的作品，便為之著迷，吵著要學。感恩多年來，幾位恩師的傾囊相授，悠遊在行楷篆隸等書體的華麗殿堂。除了毛筆字，也在硬筆書法的領域不斷鑽研精進，直至今日。對於寫字的熱愛，未曾止息。

在成長過程裡，習字帶給筆者的益處多不勝數！求學過程透過寫字，心境澄靜，讓我學習的理解力跟記憶力，都有顯著的助益，對於許多事理的深度邏輯思考，也奠定了很好的基石。除此，每每在靜靜寫字，或是書寫善美的文句當中，恬雅了身心氣質。發覺心田間，日漸有股浩然正氣，面對生活，自然有種光明磊落的喜悅。

這些年，由衷地希望分享漢字的藝術，以及寫字帶來的美好與樂趣，便經由課程向更多人傳遞筆者的經驗。在授課以外，筆者也一直有個願望，便是透過出版寫字專書，讓忙碌的現代人，能夠快速有效地汲取硬筆書法的學問。幾經思索，決定以部首為骨架，系統性地介紹漢字部首中的美學。

寫書期間，經過多番琢磨，以簡單易學的方式為讀者呈現。將多年來所學，和筆者悟到的心法，濃縮於之中。每個部首除了範字的練習，皆有選字來做詳細的說明。誠摯地建議讀者諸君，把握習字的三部曲，第一步先隨著筆者的說明，認識部首與範字書寫的要訣，觀察與記憶筆畫與架構；第二步動動筆，將所學到的要點，跟著範帖臨摹出來；第三步看帖臨寫，重複這幾個步驟，日日練習後，便可在平日書寫中，將學到的字型運用出來。如此，很快地就能寫出一手賞心悅目的好字了！

寫出一手美字，是可以陪伴一生的簡單幸福。衷心感恩閱讀本書的每位讀者，期待您們透過本書，能得到寫出美字的成就感，以及寫字帶來的快樂與成長，也期待您們將這樣的美好，分享給更多人。

郭仕鵬 謹識

硬筆美學 展現文字的力與美

還記得第一天拜師，師父說字型有三個重點：架構、灰度和筆畫，我都謹慎筆記下來。這三大範疇最終也成為我日後於字體設計工作的基本規條。

而三個重點中，又以架構的控制難度最高。中文字的形體千變萬化，但審美萬變不離其宗，在我來看是漢字最迷人之處。這就像在世道人生裡，每天都有不同的可能性，即使發生的事情讓人產生喜怒哀樂的情緒，生活的道理還是萬變不離其宗。

今天被定義到電腦裡去的中文字造型數量之多，我想都已經把視覺造型理論的可能性發揮極致。做為字體設計師，本著對美的執著，要如何解決漢字的造型問題，便成為我工作壓力來源。然而跟郭老師認識，卻是從壓力中解套的美好。

數年前，因為中文字型的設計理論老舊，我們需要去尋找突破點。從書法中取得靈感是途徑之一。認真認識下，我發現每位書法老師也有他書法的獨特技巧和厲害之處，有偏重技法，也有偏重風格的，都很值得尊敬。然而郭老師的書法，我是有更深層一點的欣賞。

郭老師堅持歐陽詢《九成宮醴泉銘》的森嚴結構重新帶到現代應用上。其實就算在軟筆書法世界，也聽過會有前輩說，歐陽詢的書法沒什麼特別。歐陽詢對於文字字體展現的精妙，在今天風格至上的現代社會，會認真研究已經少之又少。然而郭老師不只把當中的美學轉移到硬筆世界裡，他把精神也成功轉移到硬筆之上，除了因為才智能夠駕馭外，背後所下苦功之多更不足外人道。

因為郭老師對於歐楷的完全掌握，讓他有能力把精神和氣韻在硬筆之上重現。像在古代沒有、但今天常見的中文橫排，郭老師的教學讓讀者能夠學習到中文該有的節奏、重心、比例，字除了獨體美外，更重要是組合後的章法和連綿感。到這裡，除了架構外，橫豎筆的構造緊密、撇捺筆畫的起、伏、活力、點畫所引申出的精氣神，都缺一不可。

坊間有很多很多教授硬筆書法的書籍，但是我感覺不少是摸不著邊際，即使字體精彩，也少有能解釋背後原理和美學根據。而郭老師對於部首邊旁比例的掌握，我想是創造了同類型書籍的先河。

身在香港的我，時時盼望有機會久居台北向郭老師學習，現在雖然距離沒有減短，但是有郭老師的書籍，最少能解我學習之癢。

許瀚文 Julius Hui　Monotype 資深字體設計師
2018 年 6 月 13 日　香港

目錄

編按：目錄中標示 ▶ 者，表示有部分書寫示範影片。

作者序

推薦序

開始練習部首文

我們夢見大家都是不相識的
了.卻知道我們原來是相親相愛的
— 泰戈爾

作品集

書中「書寫示範」這樣看！

1 手機要下載掃「QR Code」(條碼)的軟體。

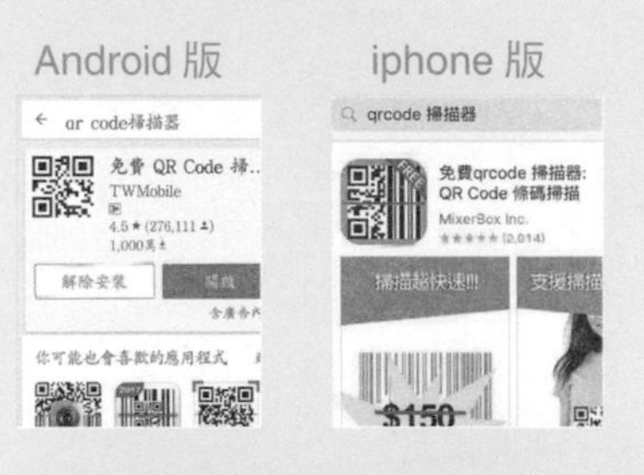

2 打開軟體，對準書中的條碼掃描。

3 就可以在手機上看到老師的示範影片了。

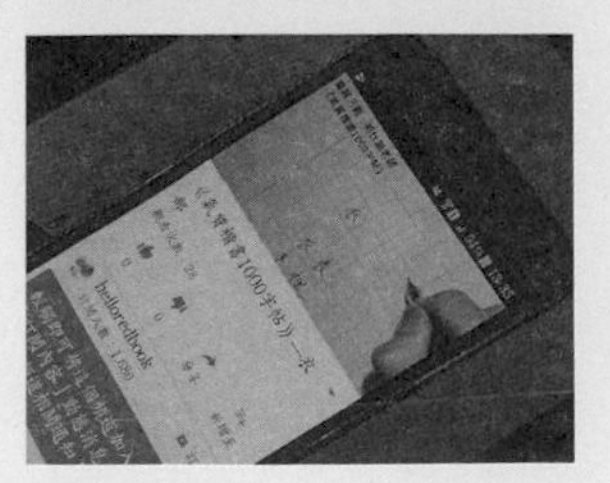

佇倚危樓風細細

望極春愁　黯黯生天際

草色煙光殘照裏

無言誰會憑欄意

擬把疏狂圖一醉

對酒當歌　強樂還無味

衣帶漸寬終不悔

為伊消得人憔悴

開始練習部首文

一部

寫法示範

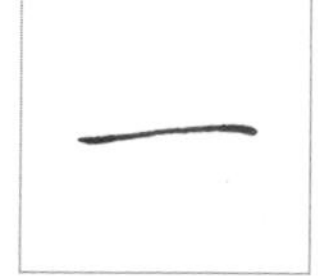

（一）寫法說明

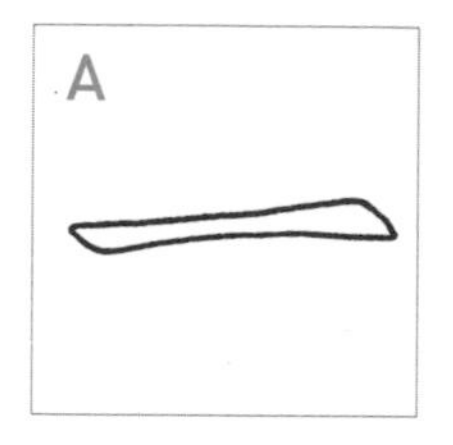

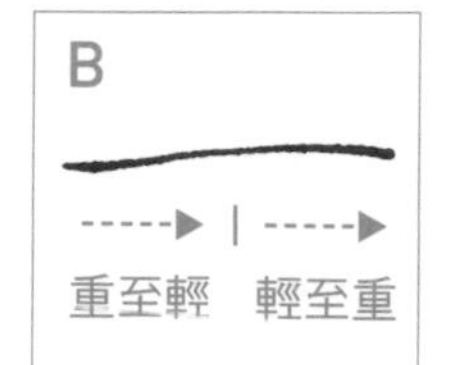

如圖 A 所示，一在書法中的粗細變化是粗→細→粗，所以在硬筆中書寫一時，也透過重→輕→重的力道變化，呈現出輕重變化的美感。

（二）例字說明

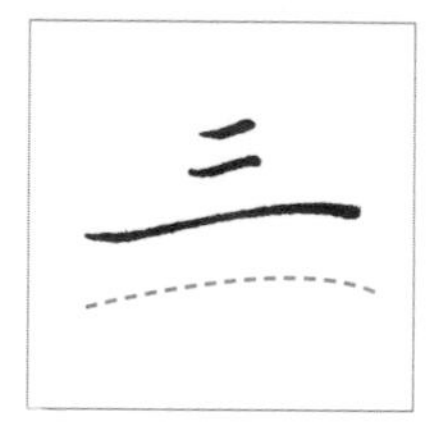

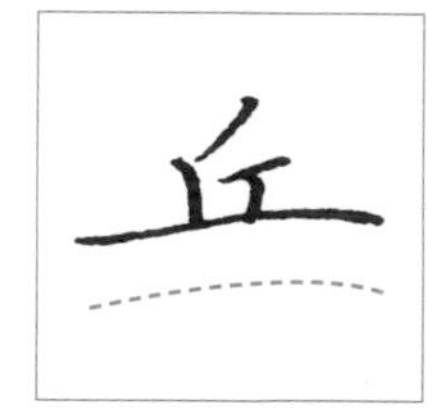

一部首的橫畫書寫時，除了輕重變化外，若能加入弧度的美感，則整體更添靈動之美。如三與丘字，最下面的長橫都帶有微微的弧度。

上丁
下三
不丑
且丘
世丞
丙並
丈丐

上	丁	下	三	不	丑	且	丘
上	丁	下	三	不	丑	且	丘

世	丞	丙	並	丈	丐	丟	丏
世	丞	丙	並	丈	丐	丟	丏

人部

寫法示範

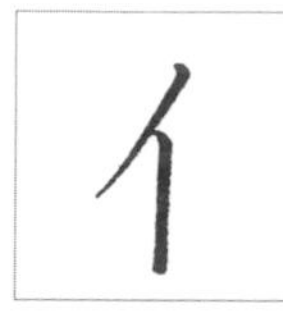

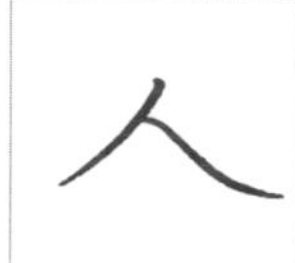

(一) 寫法說明

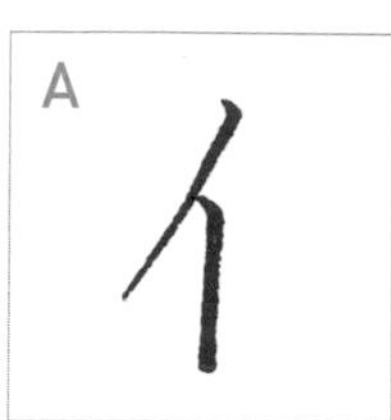

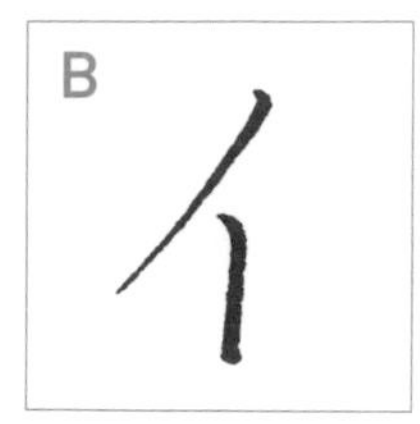

1

亻部首的撇和豎可以有兩種寫法，圖 A 是豎跟撇有接實；圖 B 是豎和撇稍微分開，留有空隙。

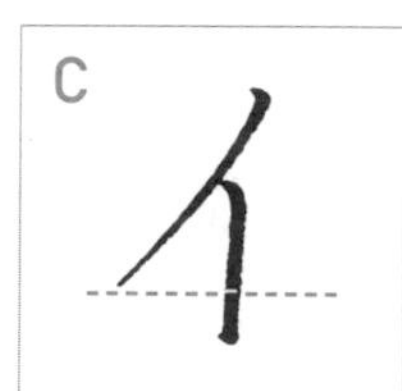

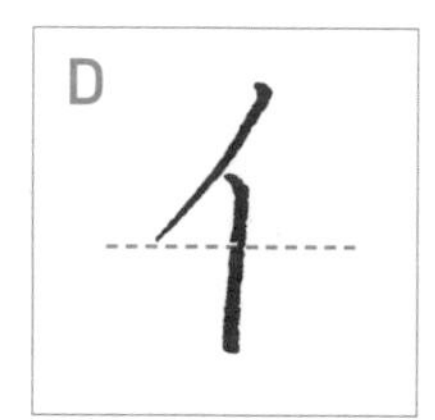

2

亻部首撇的長度可有長短之別。圖 C 的撇較長，長度幾乎與豎的尾端齊平；圖 D 的撇較短，長度約至豎的一半處。

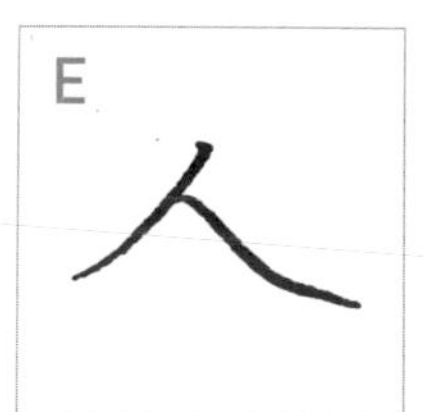

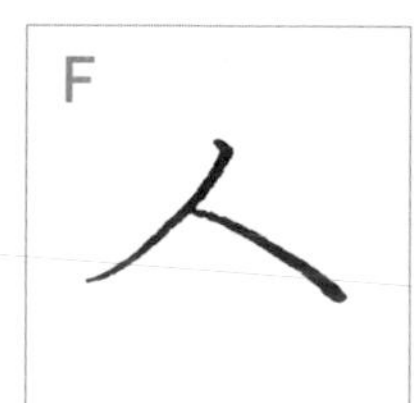

3

人部首右邊的捺畫，可如圖 E 用斜捺呈現，也可如圖 F 以長點呈現。

(二) 例字說明

A 作 佛

B 倍 供

C 伍 但

亻部首在與右邊字旁搭配時，其長度有三種形式。
圖 A 的作與佛字，皆是左邊的亻部短，右邊字旁長。
圖 B 的倍與供字，皆是左邊的亻部和右邊的字旁一樣長。
圖 C 的伍和但字，皆是左邊的亻部比右邊的字旁長。

人	企
會	余
侖	傘
伊	伍
休	你
伺	伽
使	侍

人	人	企	會	余	侖	傘	傘
人	人	企	會	余	侖	傘	傘

伊	伍	休	你	伺	伽	使	侍
伊	伍	休	你	伺	伽	使	侍

仙	付	仗	仞	代	份	任	仿
仙	付	仗	仞	代	份	任	仿

作	備	倒	佳	值	僅	信	伸
作	備	倒	佳	值	僅	信	伸

仙付
仗仞
代份
任仿
作備
佳值
信伸

側傳例倚停偉倍供

側傳例倚停偉倍供

似但你依侍使便俊

似但你依侍使便俊

側傳
例倚
停偉
似但
你依
侍使
便俊

刀部

書寫示範

寫法示範

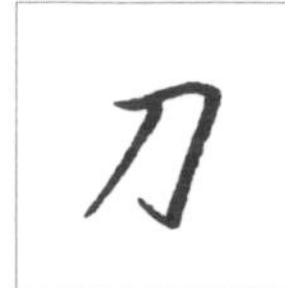

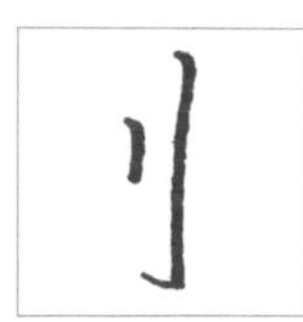

(一) 寫法說明

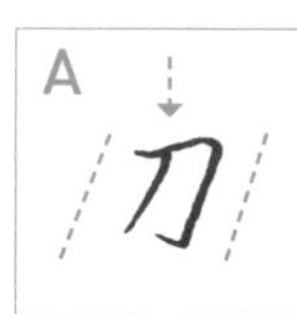

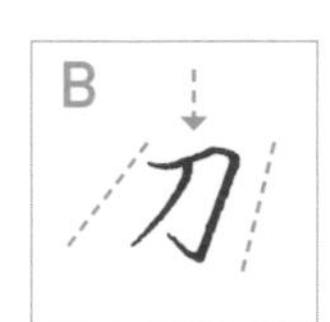

1 左圖標示出的撇可有不同斜度表現方式。
圖 A 的撇跟右邊橫折鈎的斜度一致而平行。
圖 B 的撇則比右邊橫折鈎斜度更大，形成錯落感。

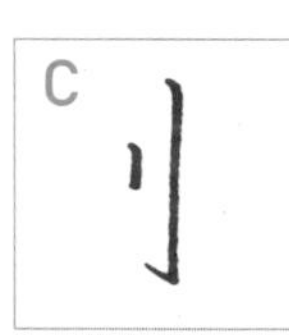

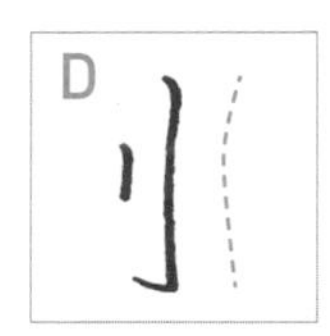

2 圖 C 的豎鈎是完全筆直的，呈現穩重之感。
圖 D 的豎鈎是帶有內凹弧度的，呈現活潑俊逸之美。

(二) 例字說明

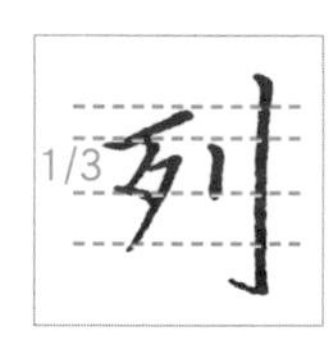

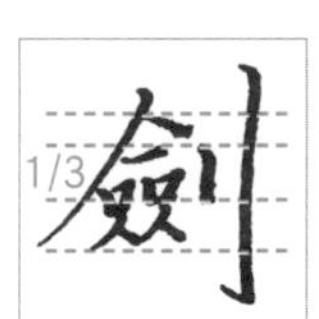

1 左圖的「列」字和「劍」字，說明的是刂部左邊短豎的長度以及和左半部字旁的長短比例。
刂部短豎通常其長度佔左半字旁的 1/3 即可，長度適中則有畫龍點睛之效。

● NG 寫法

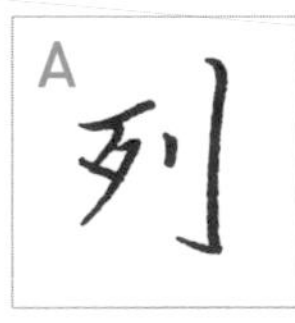

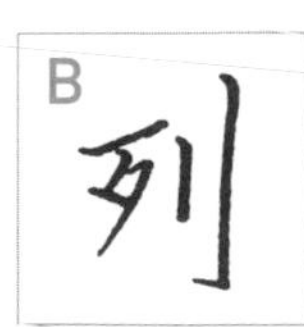

圖 A 的刂，短豎過短，則形成空洞感。
圖 B 的刂，短豎過長，使右半邊份量感覺過重。

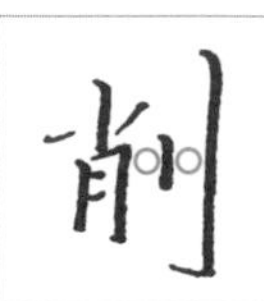

2 如左圖的「剛」與「削」字，刂部短豎的左右有兩個間距，大小一致則有協調美感。

● NG 寫法

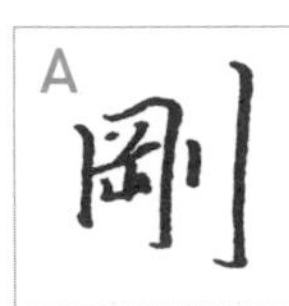

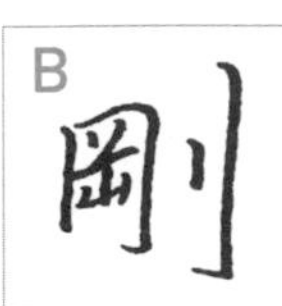

圖 A 的刂，其短豎太靠左。
圖 B 的刂，其短豎太靠右。

制 前
則 創
到 刻
剖 利
剛 副
列 刑
划 刎

制前則創到刻刷別
制前則創到刻刷別

剖利剛副列刑划刎
剖利剛副列刑划刎

判刨删刺刮刷剑削

判刨删刺刮刷剑削

刹剃剌剉到剁剔剜

刹剃剌剉到剁剔剜

判刨
删刺
刮刷
剑削
刹剃
到剁
剔剜

剩割
剿剷
剽劃
劂劍
劉劌
劊劑
分切

剩割剿剷剽劃劂劍
剩割剿剷剽劃劂劍

劉劌劊劑刀分切刊
劉劌劊劑刀分切刊

力部

寫法示範

力

(一) 寫法說明

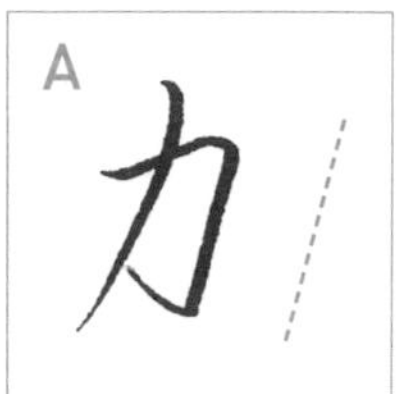

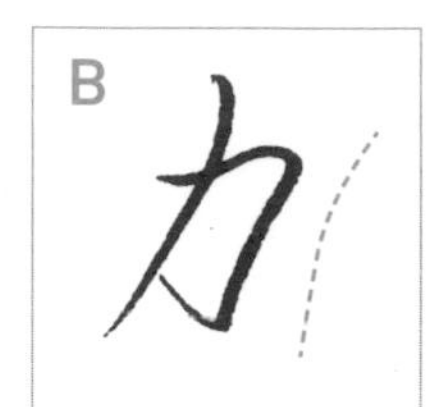

1

力部首最右邊的豎鉤，書寫時可如圖 A，是沒有彎度的呈現，也可如圖 B，帶有內彎的弧度，呈現一種更有力度的感覺。

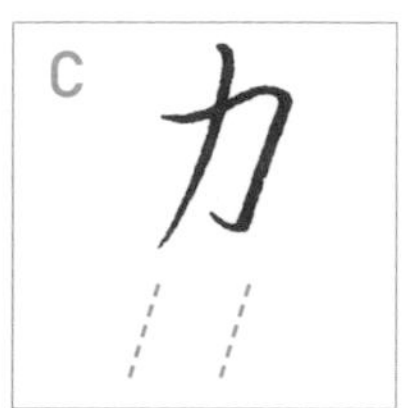

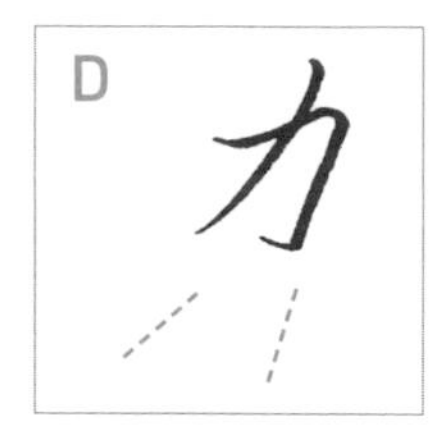

2

力部首的撇畫跟右邊的豎鉤，書寫時可如圖 C，兩畫的斜度一致平行，也可如圖 D，撇畫的斜度比右邊的豎畫更斜。

(二) 例字說明

A 勁 勁

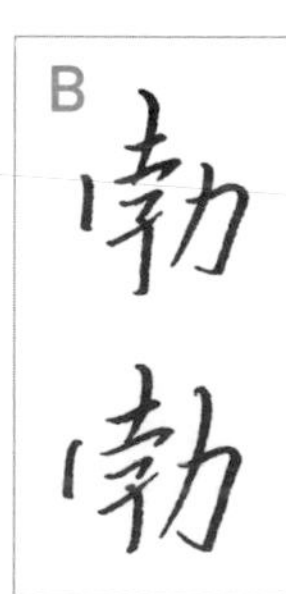

1

力部首中間的撇畫，在與左邊字旁搭配時，可以有長短之別。如圖 A 的勁字以及圖 B 的勃字，第一個字都是力的撇畫較短，而第二個字撇畫較長。

A 勇 勇

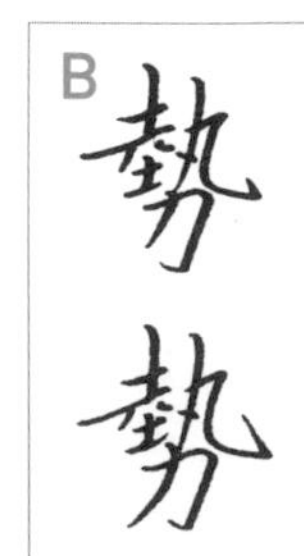

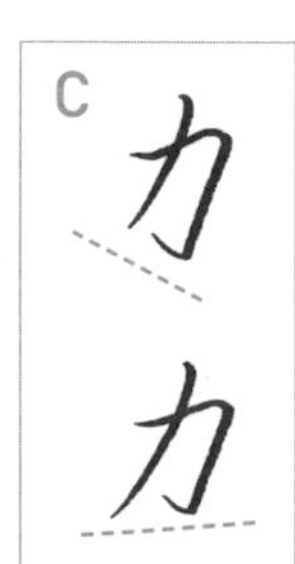

2

當力部首位於全字下方時，如圖 A 所示，其中間的撇畫可以有長短之別，第一個力的撇畫較短（如圖 C 下圖），而第二個力的撇畫較長（如圖 C 下圖）。如圖 A 跟圖 B 的勇字與勢字，第一個字都是撇畫較短的示範，而第二個字都是撇畫較長的示範。

力勁勤動勍勇勸勉

力勁勤動勍勇勸勉

力勁
勤動
勍勇
勸勉

勹部

寫法示範

(一) 寫法說明

1 勹部首的撇可以有許多不同的呈現方式，無論是斜度、長度或是與橫折鉤相連與否，皆可產生不同姿態。

2 勹部首的橫折鉤，其豎鉤可如圖 D 沒有彎度，也可如圖 E 帶有弧度，產生挺拔感。

(二) 例字說明

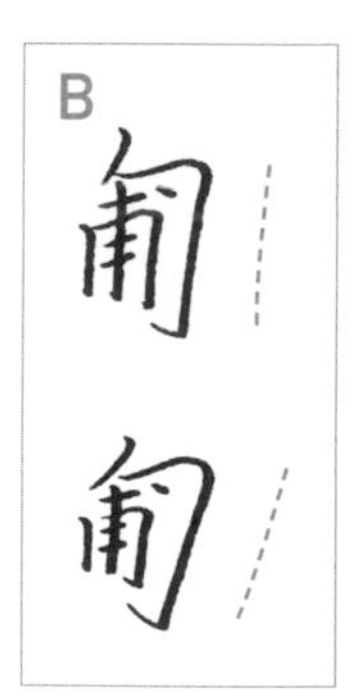

勹部首的橫折鉤書寫時，斜度可以不同，如圖 A 的勻字，第一個勻的斜度很小，幾乎是垂直的；第二個勻字的斜度較斜。圖 B 的匍字也是。

勺 匀 勾 勿 包 匆 匈 匏

勺 匀 勾 勿 包 匆 匈 匏

勺 匀
勾 勿
包 匆
匈 匏

厂部

書寫示範

寫法示範

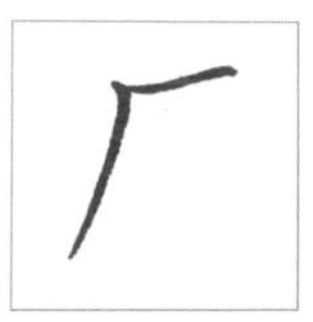

(一) 寫法說明

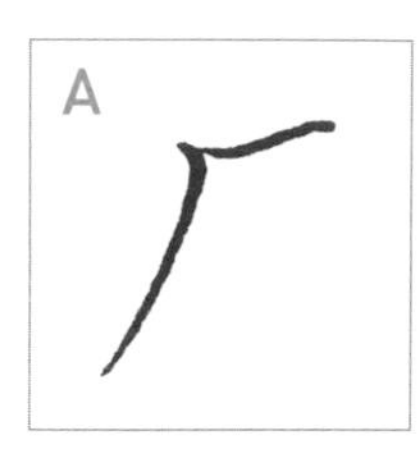

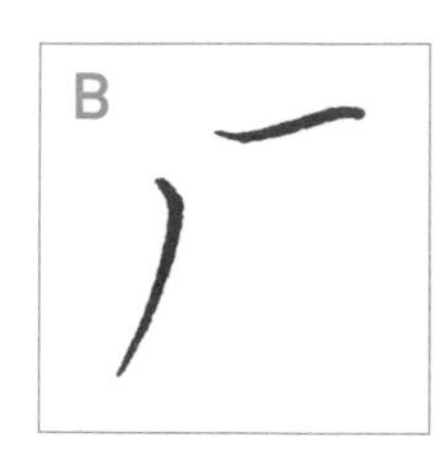

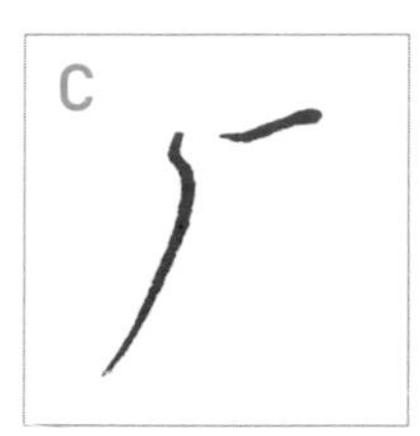

厂部首的橫畫和撇畫，彼此間的連接與否和高低差，可有許多變化，左圖 A ～圖 C 舉出三種供讀者參考。

(二) 例字說明

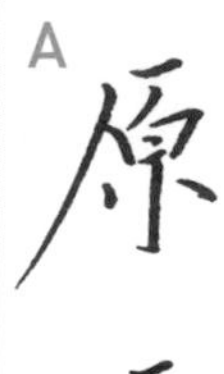

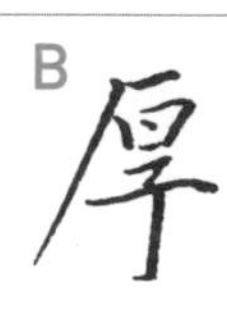

厂部首的撇畫書寫時可如圖 A 的原字，第一個的撇是沒有弧度、俐落的；第二個原字的撇是帶有弧度、飄逸的；圖 B 的厚字也是如此。兩種寫法都可以呈現各自的姿態美感。

厦厚厭厮厝原厠厥

厦厚厭厮厝原厠厥

厦厚
厭厮
厝原
厠厥

口部

書寫示範

寫法示範

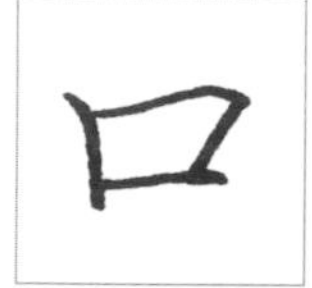

(一) 寫法說明

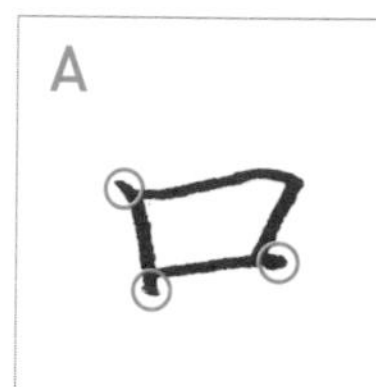

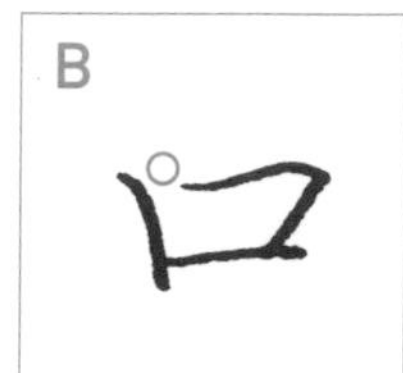

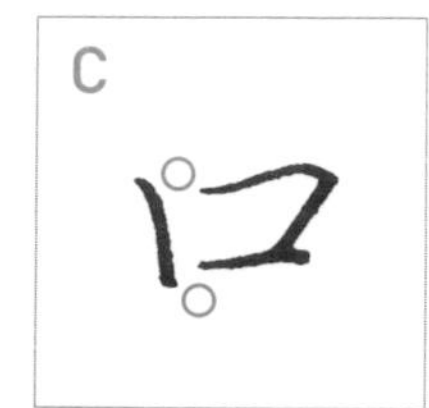

1 口部首的美感，其細緻處的表現很重要。
圖 A 的左邊豎畫，其起筆跟收尾都有出頭，以及下方的橫畫收尾處，也有出頭。
圖 B 的上方橫畫和左邊的豎畫留有間隔。
圖 C 的口，上下兩個橫畫都和左邊的豎畫之間留有間隔。
三種表現方式各有不同的姿態。

● NG寫法

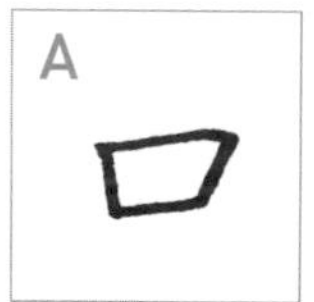

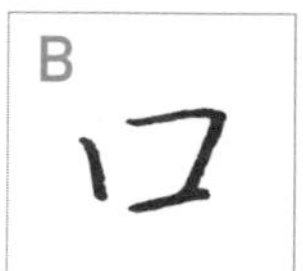

圖 A 的口，其三處都沒有出頭，故而較死板，類似只是畫一個正方形，沒有展現出文字之美。
圖 B 的口，由於左邊的豎畫太短，所以當右邊上下兩個橫畫以留空的寫法書寫時，造成空洞鬆散的感覺。

(二) 例字說明

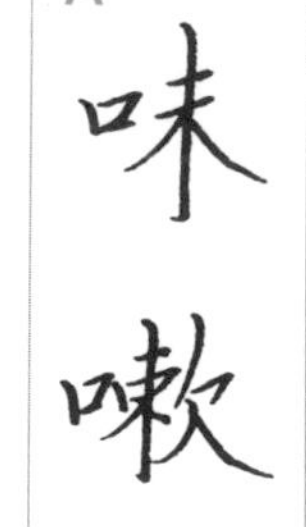

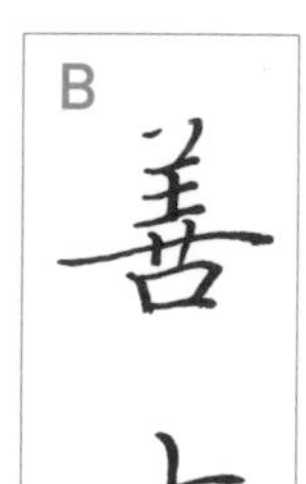

口部首在做為字旁時，會比較窄而小，如圖 A 的味和嗽字皆是。而當口部在字的下方時，是全字的基石，會寫得較寬而呈扁長方形。

叩叫叭叮吃吸吟吵

叩叫叭叮吃吸吟吵

吹呀呃呐呼喊咚味

吹呀呃呐呼喊咚味

叩叫
叭叮
吃吸
吹呀
呃呐
呼喊
咚味

呵呷咆咖啡哮呼啦
呵呷咆咖啡哮呼啦

呵呷
咆咖
啡哮
呼啦

呢吼吽吧咕噜咦咳
呢吼吽吧咕噜咦咳

呢吼
咕噜
咦咳

善古
呈告
呉呑
吝杏
和周
呪咨
哉唐

善古呈告否呉呑呂
善古呈告否呉呑呂

吝杏和周呪咨哉唐
吝杏和周呪咨哉唐

口部

書寫示範

寫法示範

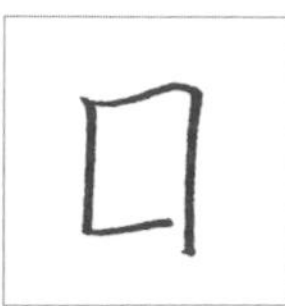

(一) 寫法說明

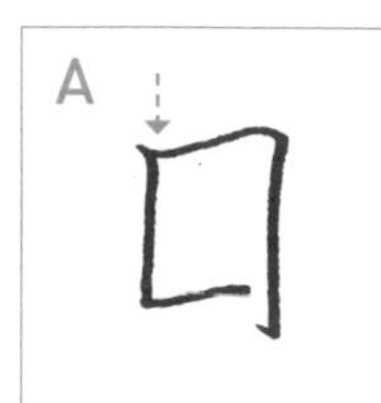

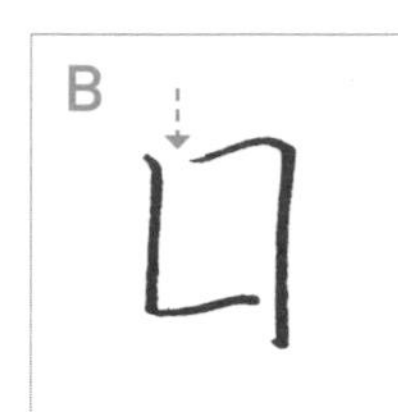

口部首的豎畫與上面橫畫銜接處，可以如圖 A 完全接實，呈現方正穩重感覺，也可如圖 B 不接實，留有間隔，呈現空靈而飄逸的美感。

(二) 例字說明

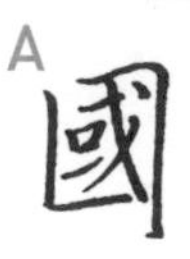

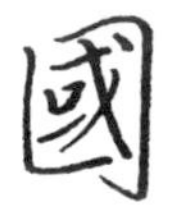

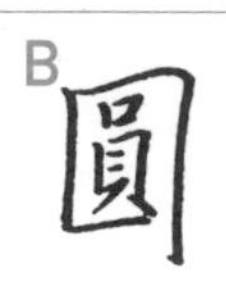

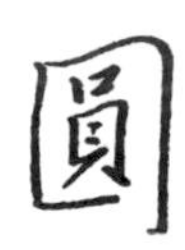

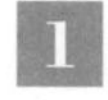

1

口部首的兩側豎畫，可有內凹或外圓兩種呈現方式。如圖 A 的國字，第一個國是兩側的豎畫微內凹的寫法，而第二個國字，兩側的豎畫就是微向外圓的寫法。圖 B 的圓字也是。

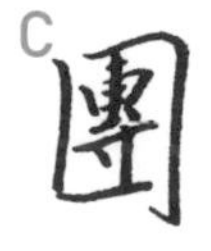

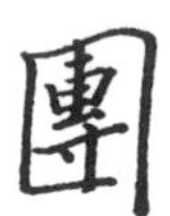

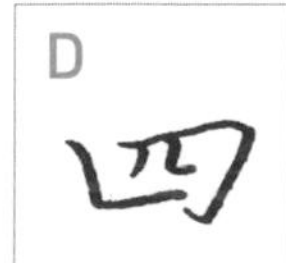

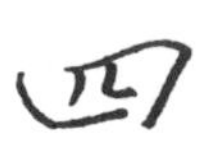

2

口部的右邊豎畫，其末端可以不鉤起，也可以鉤起。如圖 C 的團字，第一個團有鉤起，第二個則無。圖 D 的四字也是。

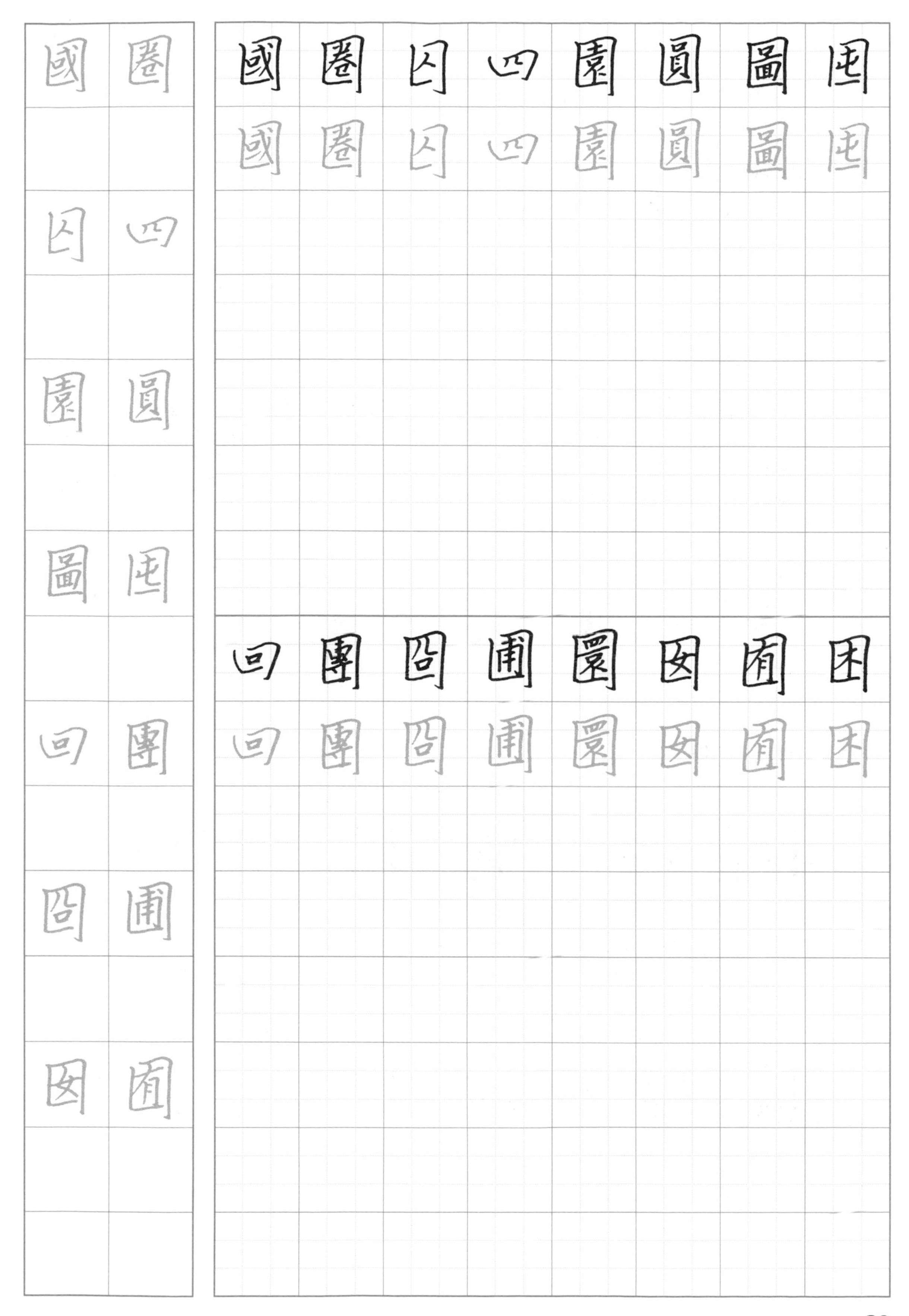

土部

寫法示範

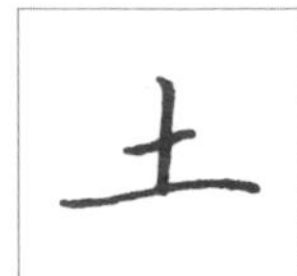

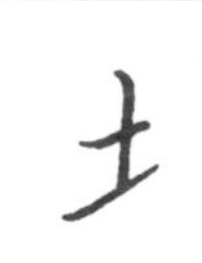

(一) 寫法說明

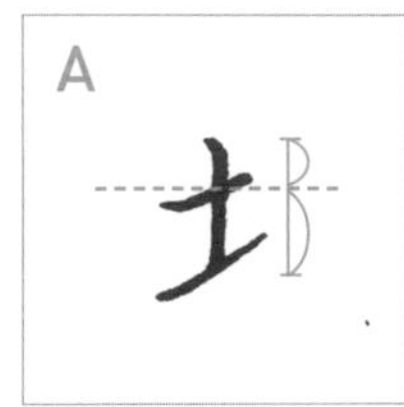

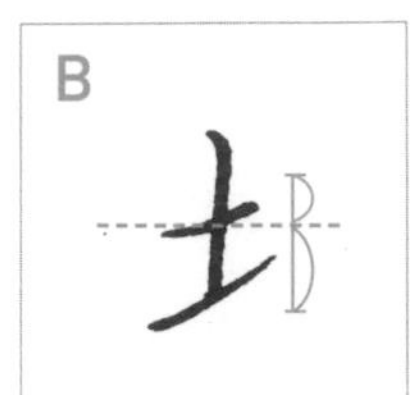

1 土部首上面第一橫，其位置可以有高低之別。如圖 A 位置較高，所以形成豎畫在橫以上較短，以下較長。
如圖 B 則位置居中，穿過豎的中心點，所以形成橫畫上下的豎畫長度一樣。

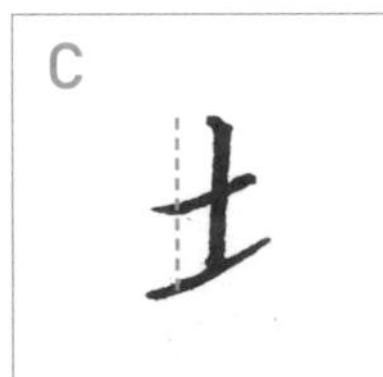

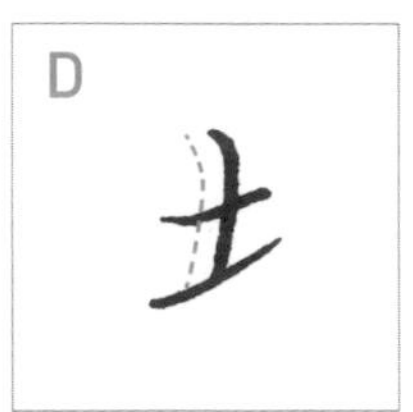

2 土部首的豎畫可有直曲之別。
圖 C 的豎畫是筆直的，圖 D 的豎畫是帶有弧度的，分別呈現不同美感。

(二) 例字說明

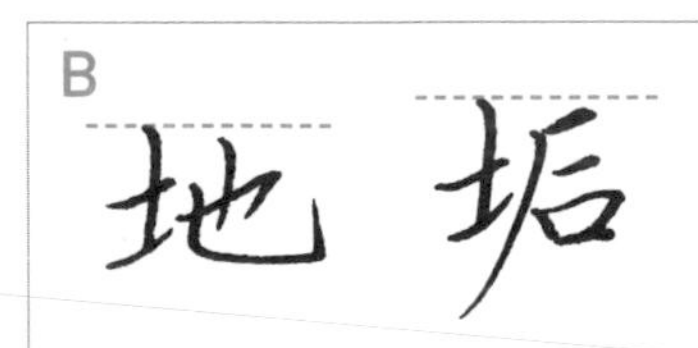

1 土部在和右半字旁搭配時，其豎畫可有長短之別。
上圖的 A 組地跟垢，其土的豎畫皆低於右半字旁的頂緣，而 B 組的地和垢，其土的豎畫高於右半字旁的頂緣。

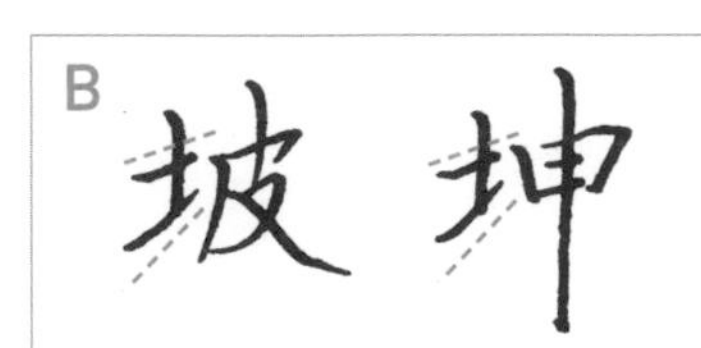

2 土部首的橫跟挑，斜度可以一致，亦可不一。
如上圖 A 組的坡和坤，其下面的挑，和上面的橫斜度一致；而 B 組的坡和坤，其下面的挑，斜度則比上面的橫更斜。

坐堅垂聖坌圭在堊

坐堅垂聖坌圭在堊

址坪坡坤垃垣垢垮

址坪坡坤垃垣垢垮

坐堅
垂聖
坌圭
址坪
坡坤
垃垣
垢垮

堵	堆	域	堀	培	埤	堪	塔
堵	堆	域	堀	培	埤	堪	塔

堵	堆
域	堀
培	埤
堪	塔
塌	塘
境	墟
增	壤

塌	塘	境	墟	墩	增	壤	埕
塌	塘	境	墟	墩	增	壤	埕

壑	壁	墨	墅	塾	塑	塞	墓
壑	壁	墨	墅	塾	塑	塞	墓

堡	堂	埶	基	壘	壟	壟	墜
堡	堂	埶	基	壘	壟	壟	墜

士部

書寫示範

寫法示範

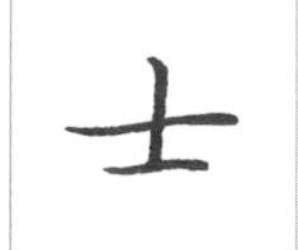

(一) 寫法說明

A

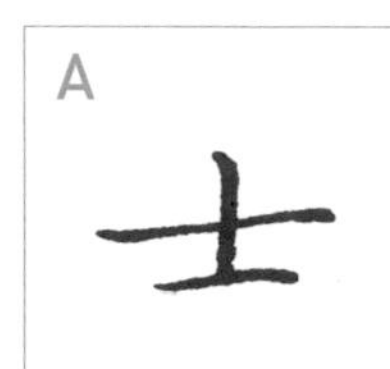

B

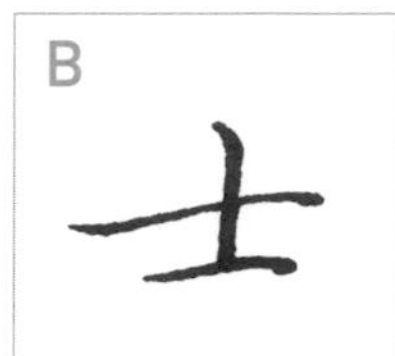

1

士部首的豎畫可如圖 A 寫在長橫的正中心，也可如圖 B 偏到中心的右邊。

C

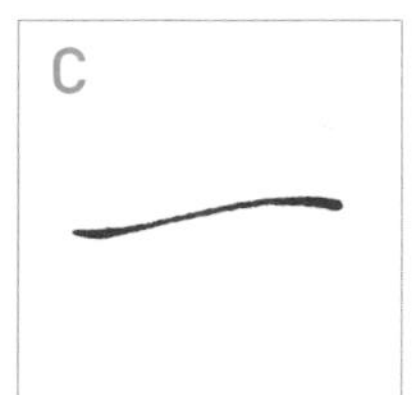

D

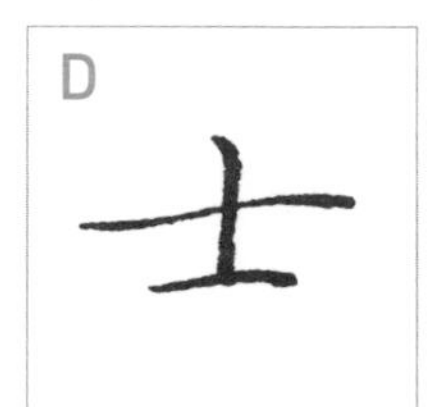

2

士部首的長橫畫書寫時，若如圖 C 帶有弧度，則整個士字會如圖 D，營造出靈動飄逸的美感。

(二) 例字說明

A

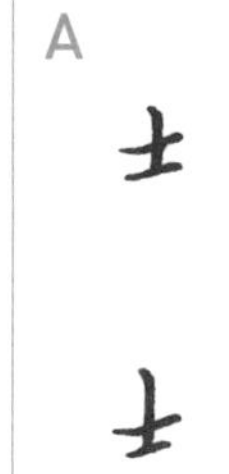

B

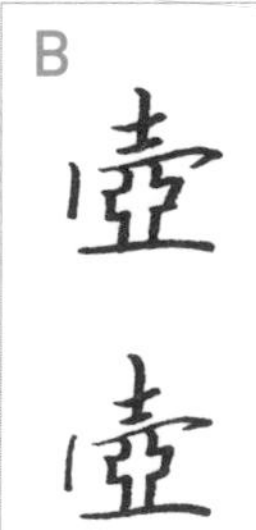

C

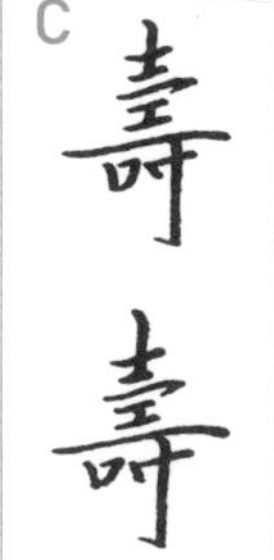

士部首在全字上方時，其豎畫的長度可有長短不同的表現。如圖 A 的第一個士，豎畫就比較短，第二個士的豎畫就比較長；圖 B 的壺字，第一個即是豎畫較短的運用，第二個壺是豎畫較長的運用。圖 C 的壽字也是。

士 壯
壽 壺
壹 壬
垂 壻

士壯壽壺壹壬垂壻
士壯壽壺壹壬垂壻

大部

書寫示範

寫法示範

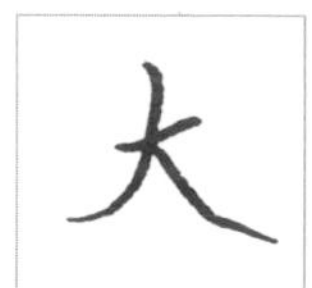

(一) 寫法說明

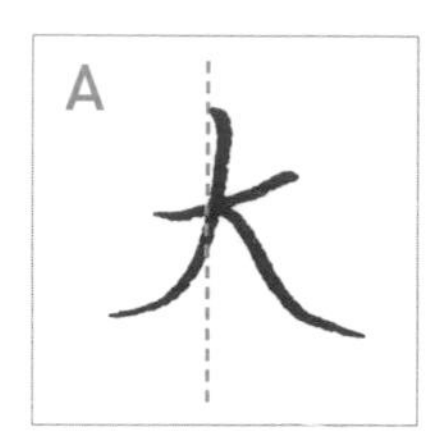

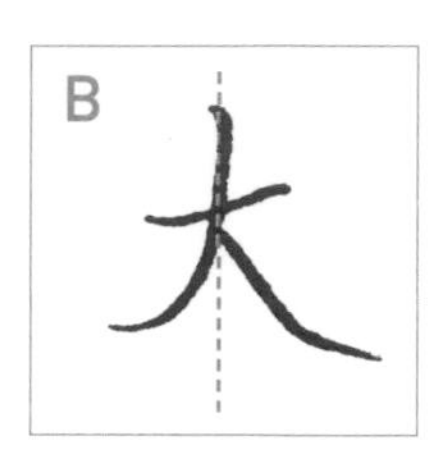

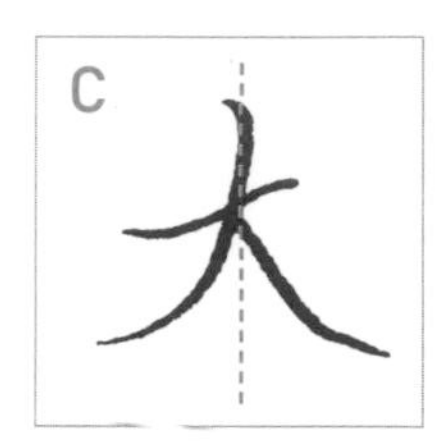

1

大部首的撇畫可以在橫畫的偏左處穿過（如圖 A）；也可以在橫畫的正中心穿過（如圖 B）；或在橫畫的偏右處穿過（如圖 C）。

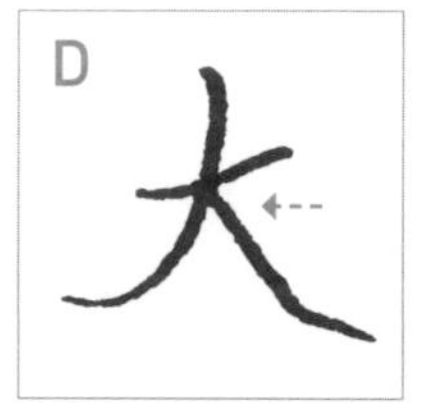

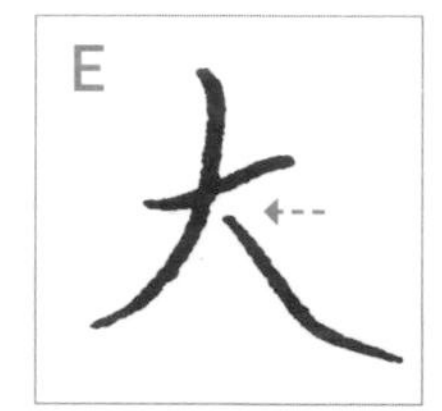

2

大部首的捺畫，可如圖 D 與撇跟橫的交會點接實，也可如圖 E 留一點間隔。

(二) 例字說明

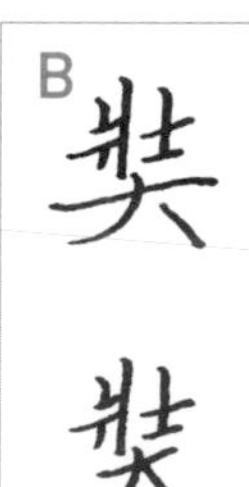

1 大部首在字的下方時，最後一筆可用長點，也可用捺。如圖 A 的契字，第一個是用長點；第二個是用捺；圖 B 的奘字也是。

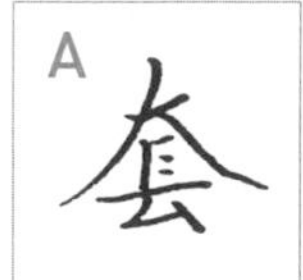

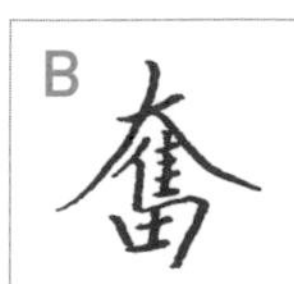

2 大部首在字的上方時，其撇畫的弧度就不會大彎，因為會將空間留給下方的部分，才能有足夠空間容納。

● NG寫法

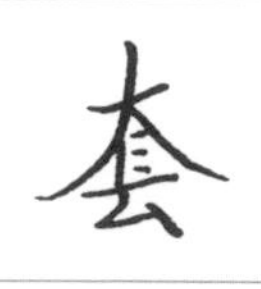

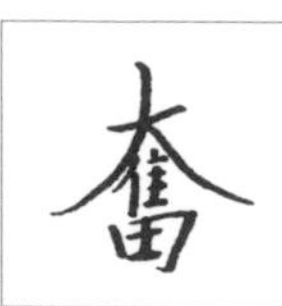

若是撇畫的弧度太彎，會導致下方部分無足夠空間書寫。

大太夫天夭央夯失

大太夫天夭央夯失

夷夾奄奇奈奉奏契

夷夾奄奇奈奉奏契

大太
夫天
夭央
夯失
夷夾
奄奇
奏契

女部

寫法示範

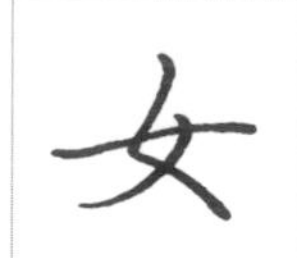
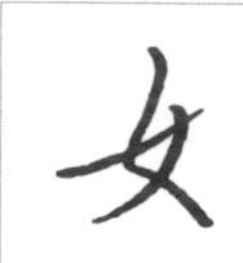

(一) 寫法說明

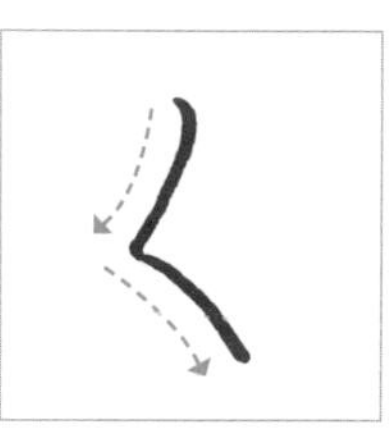

1

這兩筆書寫時，可帶有微微弧度及注意輕重。上筆是重到輕，下筆是輕到重。

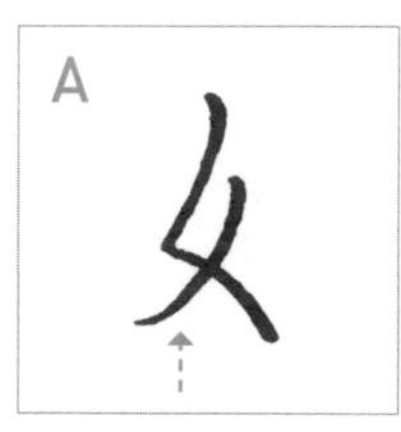

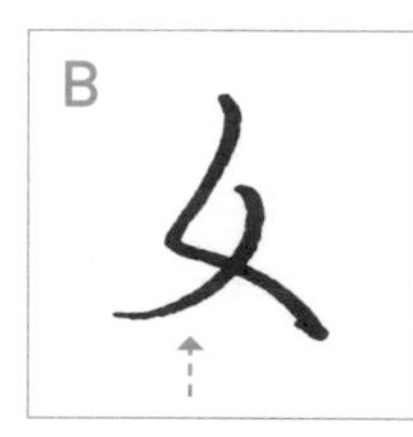

2

圖 A 做為偏旁時，女的弧撇彎曲的幅度較小。
圖 B 當女在字的下方時，像是全字的基座，較寬扁，因而其弧撇的弧度會更彎。

(二) 例字說明

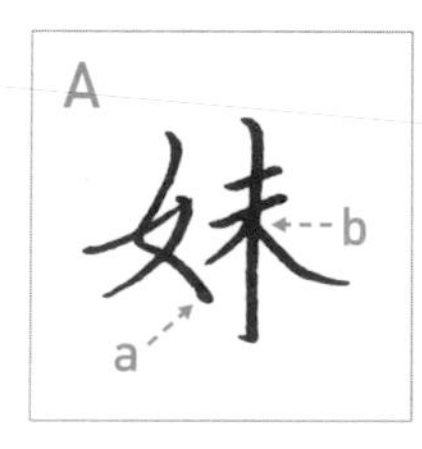

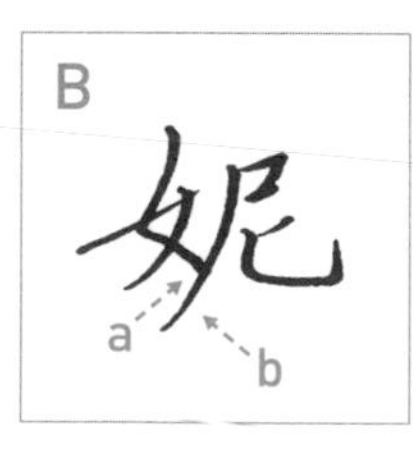

1 女做為偏旁時，有兩種類型：
如圖 A 的妹字，其女字的 a 長點延展較長，而未字的 b 撇便寫較短，將空間留給長點，形成錯落的美感。
如圖 B 的妮字，有別於妹字，其女的 a 長點寫較短，將空間留給尼的 b 長撇，使其延伸。

＊故而在書寫女字旁時，可注意到有女的長點延展與否的兩種類型。

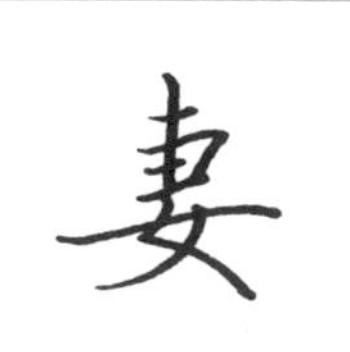
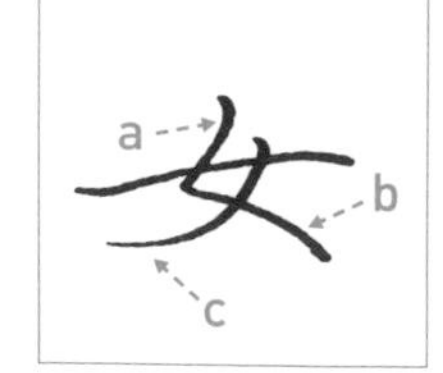

2 女部在下面時的寫法：
當女部位於字的下方時，功用似全字的基座，會比偏旁的女扁些，故而 a 畫會寫得較短，b 畫角度較平，c 畫的弧度也較彎。

始	妙
如	姓
好	妳
娟	奶
奴	妍
妃	嫉
妒	妘

始	妙	如	姓	好	妳	妹	姐
始	妙	如	姓	好	妳	妹	姐

娟	奶	奴	妍	妃	嫉	妒	妘
娟	奶	奴	妍	妃	嫉	妒	妘

妮 妯 姗 妨 妞 姊 姆 妤

妮 妯 姗 妨 妞 姊 姆 妤

妖 妣 妁 妓 妲 姝 姥 姨

妖 妣 妁 妓 妲 姝 姥 姨

妮 妯

姗 妨

妞 姊

姆 妤

妁 妓

妲 姝

姥 姨

姪 姻 姙 娓 娘 娜 娥 娩

姪 姻 姙 娓 娘 娜 娥 娩

婉 婦 婚 婢 媼 婷 媒 媛

婉 婦 婚 婢 媼 婷 媒 媛

姪 姻
姙 娓
娘 娜
娥 娩
婉 婦
婚 婢
媒 媛

子部

書寫示範

寫法示範

(一) 寫法說明

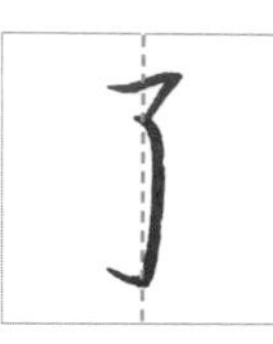

1 子部首的「亅」豎彎鉤，頭尾在一條垂直線上，中間略微彎曲，弧度不需過大。

● NG寫法

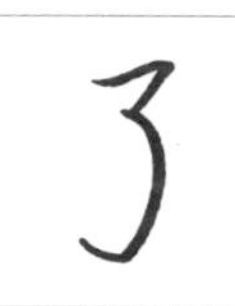

豎彎鉤的弧度過大，似人的駝背，顯得沒有精神。

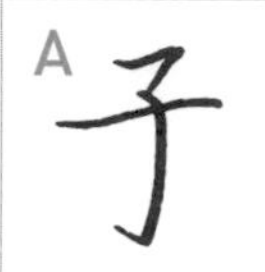

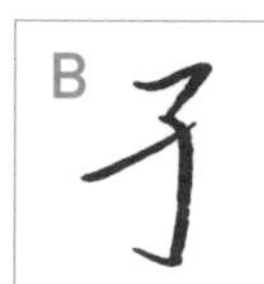

2 子部首無論是如圖 A 的長橫或是如圖 B 的挑，都是從豎彎鉤的起筆略下處交會，便能將重心提高，整體便會顯得高挑俊逸。

● NG寫法

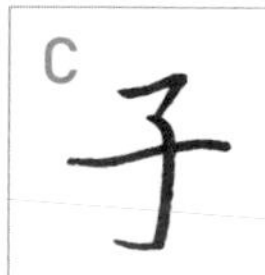

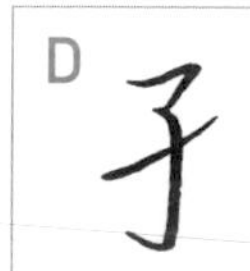

圖 C 的長橫及圖 D 的挑，與豎彎鉤的交會處過低，重心掉下，顯得沒有精神。

(二) 例字說明

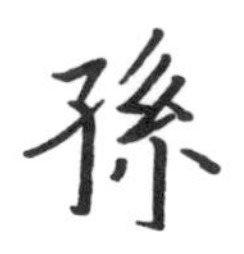

（1）子部做為偏旁時，會寫得比較瘦。
（2）子的挑不需過長，因要避讓右半邊的緣故。
（3）因右邊的系也有鉤，故子的鉤可較小，將重點讓給系的鉤。

（1）子部在下時，猶如基座，會寫得較寬。
（2）子的長橫寬度比上面的禾寬，則能顯出主筆的美感。
（3）子的長橫可有微微的弧度，如拱橋般，全字會顯得靈動有生命力。

孔孜
孩孫
孢孤
孕字
存孝
孟季
孥學

孔孜孩孫孺子孢孤
孔孜孩孫孺子孢孤

孕字存孝孟季孥學
孕字存孝孟季孥學

宀部

寫法示範

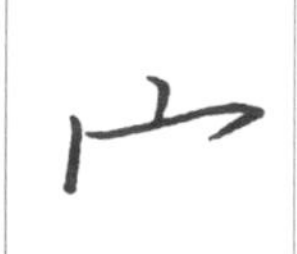

書寫示範

(一) 寫法說明

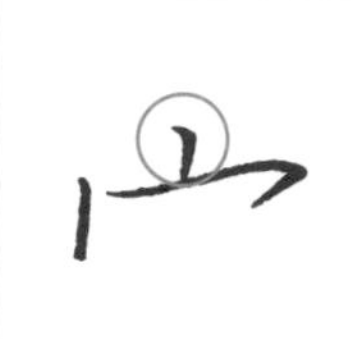

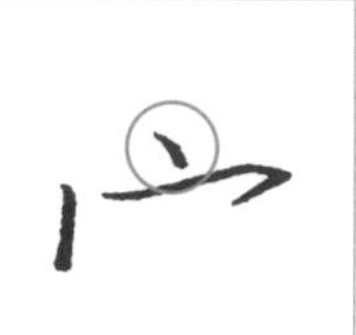

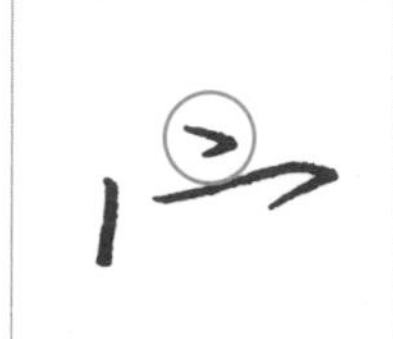

1

宀部首上面的點畫可以用不同的形式表現，增添豐富的美感。

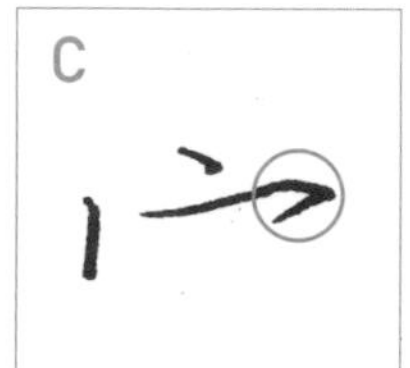

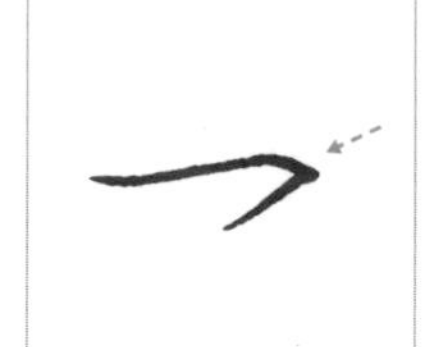

2

宀部首的橫折鉤，書寫時將轉折處表現出來，可以增添力度與挺拔之勢。

(二) 例字說明

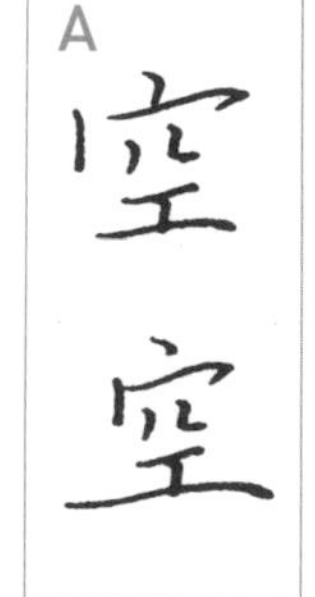

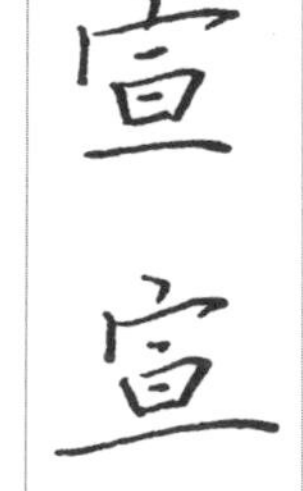

宀部首的一些字，宀可以寫寬也可以寫窄，分別呈現獨自的風格。如左圖的空跟宣字，宀便各自以寬跟窄的形式來表現。

定室
它宅
宇守
宋宏
宗宫
宙官
宛宜

定室它宅宇守宋宏
定室它宅宇守宋宏

宗宫宙官宛宜客宣
宗宫宙官宛宜客宣

宥宰害宴宵容宿寂

宥宰害宴宵容宿寂

寄寅密富寒寐寞察

寄寅密富寒寐寞察

宥宰
害宴
宵容
宿寂
寄寅
寒寐
寞察

寡 寢

寧 寬

寫 字

寮 甯

富 寒

寡 寢 寧 寬 寫 字 寮 甯

寡 寢 寧 寬 寫 字 寮 甯

尸部

寫法示範

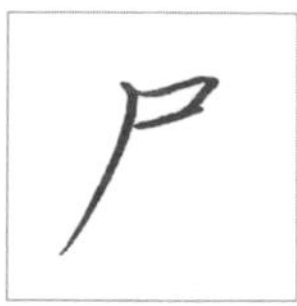

(一) 寫法說明

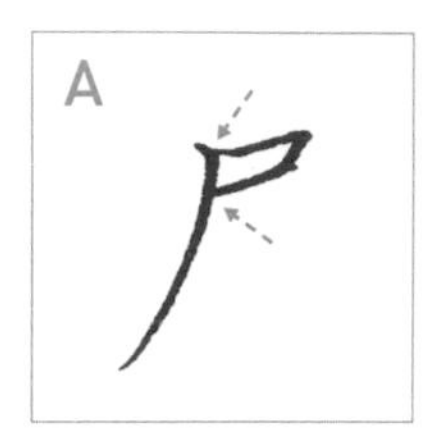

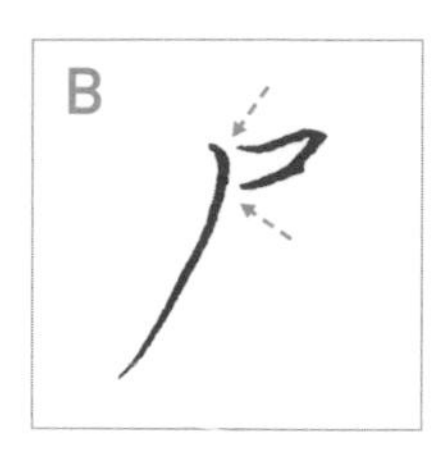

1

尸部首的撇和右邊的兩個橫畫銜接時，可有不同方式。如圖 A，其撇跟右邊兩個橫畫是完全接實的。而圖 B 的撇和右邊的兩個橫畫是留有空隙的。兩者一虛一實的表現各有不同姿態。

(二) 例字說明

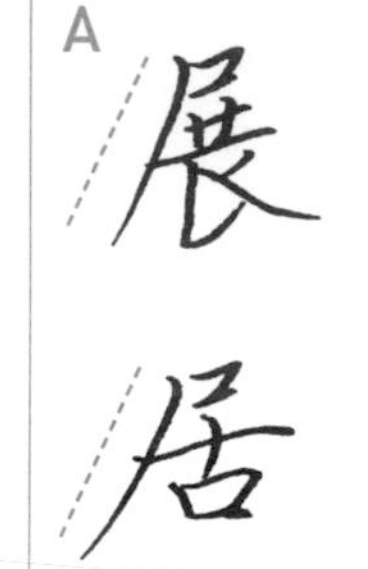

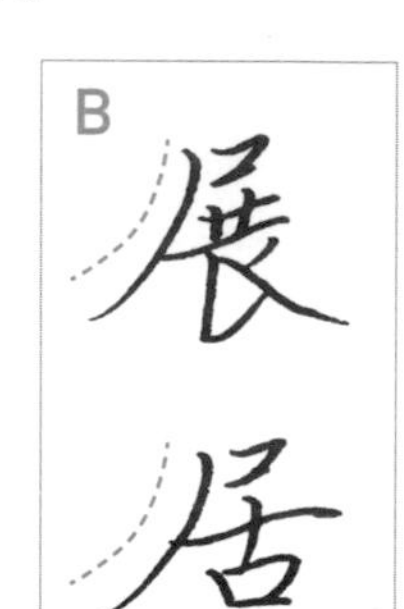

1

尸部首左邊的撇，在全字的運用上，可有不同的展現方式，如圖 A 的展和居字，其左邊的撇皆是較直而無弧度的寫法。而圖 B 的展和居字，其左邊的撇是有弧度，較柔逸的寫法。

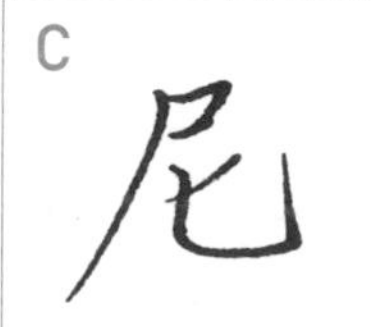

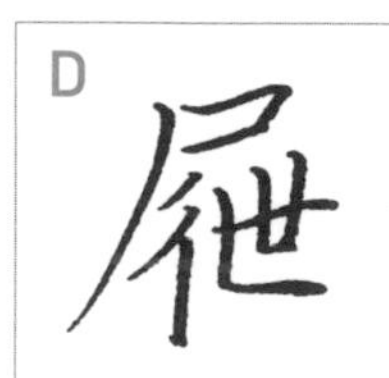

2

尸部首的寬度，會因其下方搭配的字旁形狀而有寬窄之別。如圖 C 的尼字，由於下方的匕，其上部較窄，因而尸部也寫較窄，才不致上寬下窄；而圖 D 的屜字，其下方的𢔅，寬度較寬，所以尸部也寫寬，方能上下協調。

居展
局尾
屋屏
層屬
尼尿
屜屍
屆屈

尺居展局尾屋屏層

尺居展局尾屋屏層

屠屬尼尿屜屍屆屈

屠屬尼尿屜屍屆屈

山部

書寫示範

寫法示範

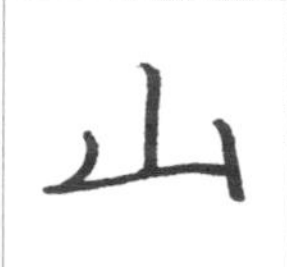

(一) 寫法說明

A

B

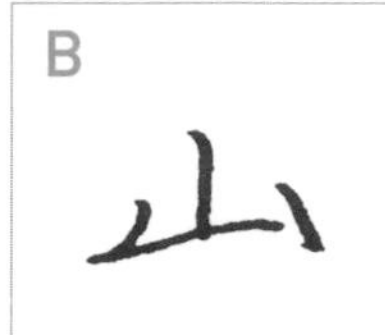

C

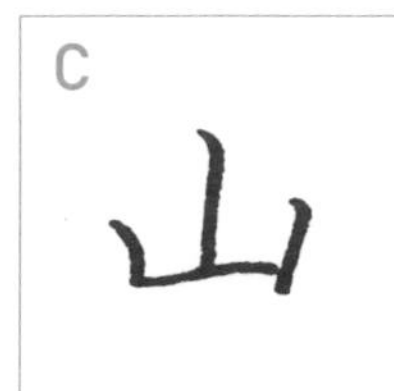

1 山部首左右兩邊的短豎，書寫時可有不同的角度。如圖 A 的山，其左右兩個短豎，都是筆直的。而如圖 B，其山的左右兩個短豎，都是向外側傾斜的。至於如圖 C，其山的左右兩個短豎，都是向內側傾斜的。

D

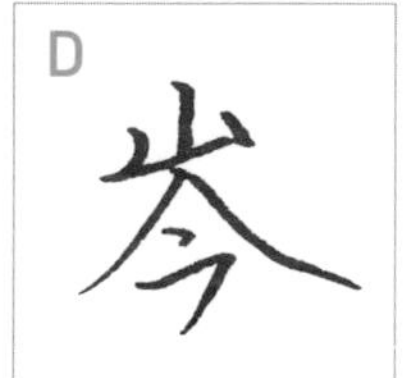

E

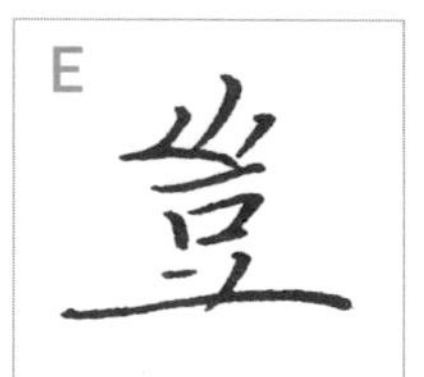

2 山部首位於全字上方時，可如圖 D 端正的佈局，也可如圖 E 向右傾斜，營造活潑飄逸的態勢。

(二) 例字說明

A

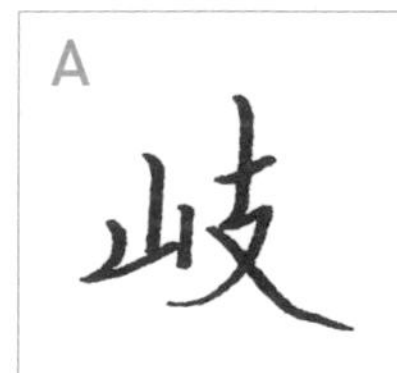

B

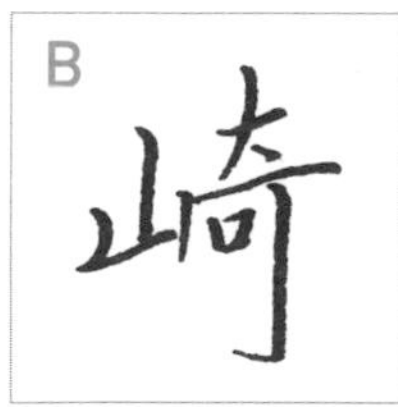

C

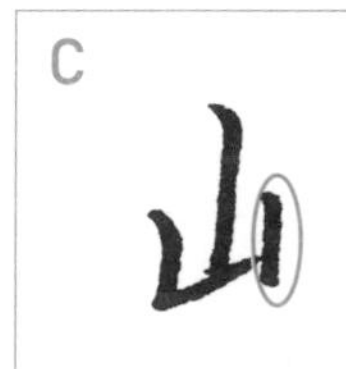

山部首位於全字左方時，如圖 C 所示，其右邊的短豎，通常是筆直的書寫，因為要將空間留給右邊的字旁，圖 A 的岐字以及圖 B 的崎字，即是其應用方式。

豈岐岑岔岩岱岳山

豈岐岑岔岩岱岳山

島峽崎崇崐崔崖崗

島峽崎崇崐崔崖崗

豈岐
岑岔
岱岳
島峽
崎崇
崐崔
崖崗

工部

寫法示範

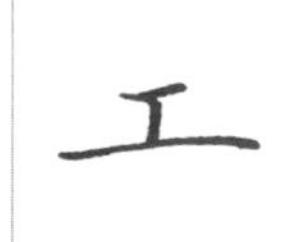

(一) 寫法說明

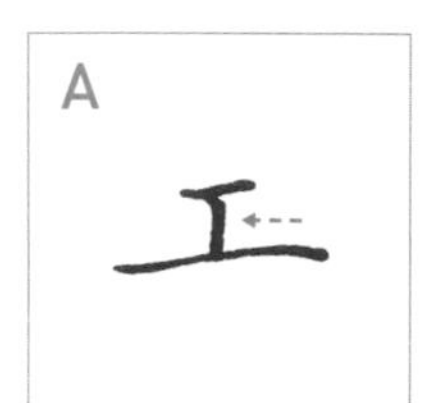

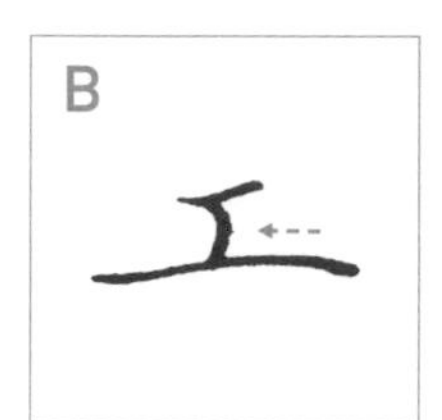

1

工部首中間的豎畫，書寫時可如圖 A 是筆直的，也可如圖 B 帶有一點弧度。

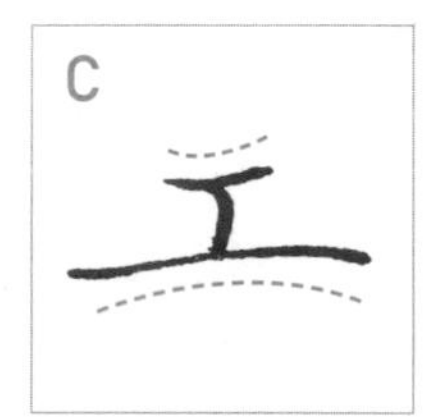

2

工部首上面的短橫，可有向下微凹的曲度，而下面的長橫可有向上的弧度，則彼此配合起來，能產生活潑挺拔的姿態。

(二) 例字說明

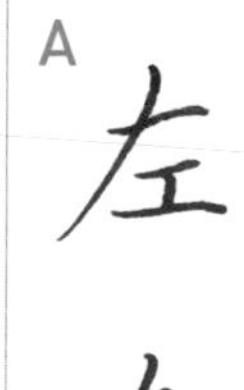

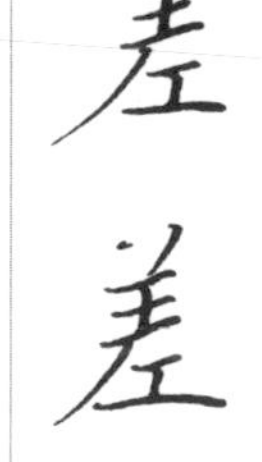

1

工部首在全字下方時，其最下面的長橫，有長短兩種寫法，如圖 A 的左字，第一個左的下面長橫比較短，第二個左下面的長橫則比較長。圖 B 的差字也是如此。

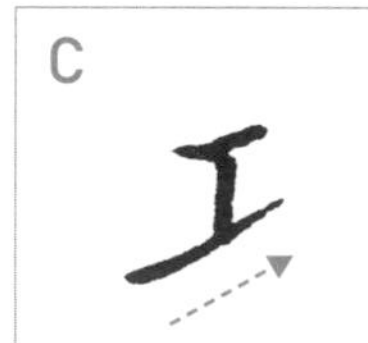

2

工部首位於全字左邊時，最下面的橫畫會如圖 C 寫成由重而輕的挑畫；圖 D 的巧字及圖 E 的巰字，其工都是這樣的應用。

工	左	巧	巨	巫	差	巩	巰
工	左	巧	巨	巫	差	巩	巰

工	左
巧	巨
巫	差
巩	巰

广部

書寫示範

寫法示範

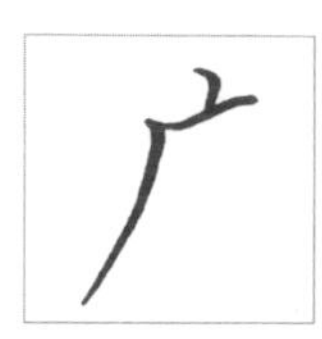
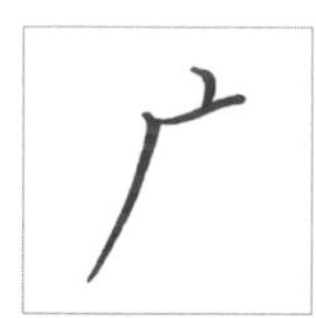

(一) 寫法說明

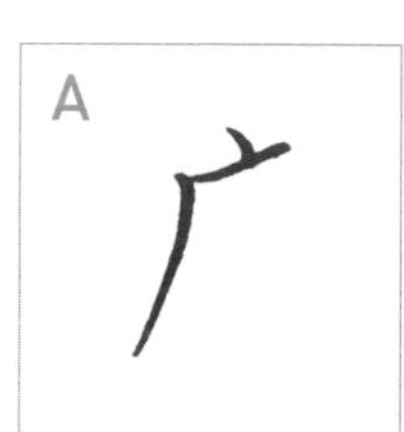

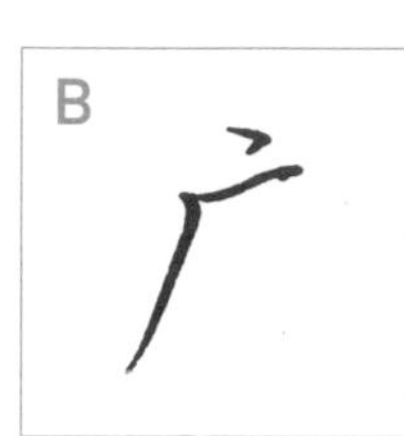

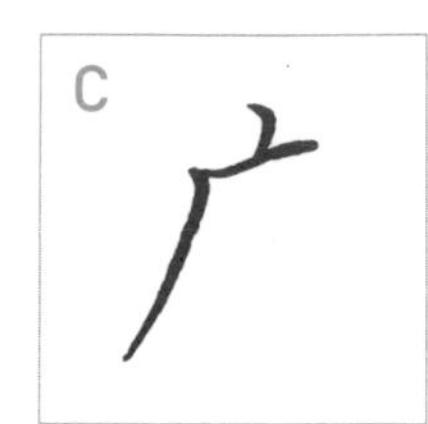

最上面的點可有不同變化
A 是右點 B 是出鋒點 C 是豎點

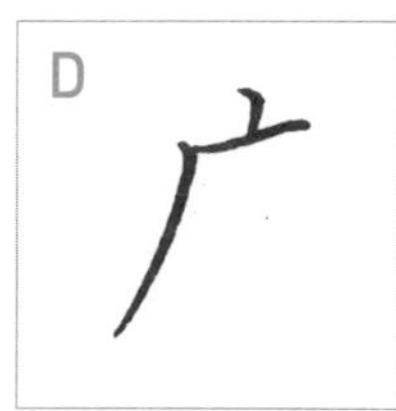

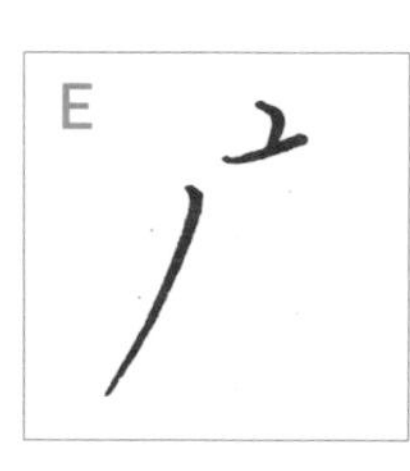

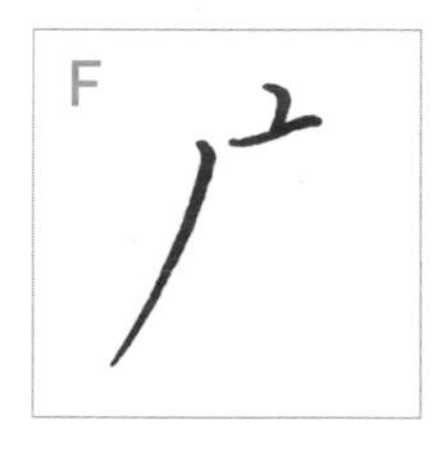

2 广部首的長撇與橫的銜接，可有不同變化。
D 接實：長撇的起筆略微高過橫的起筆。
E 有間隙的：長撇起筆低於橫的起筆。
F 一樣有間隙：長撇起筆與橫大致等高。

(二) 例字說明

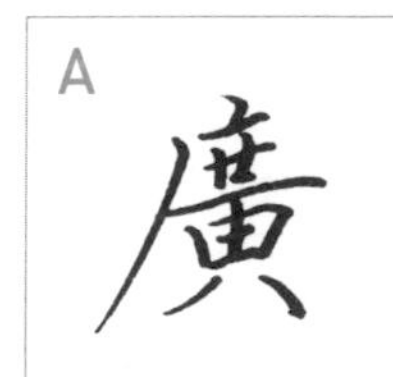

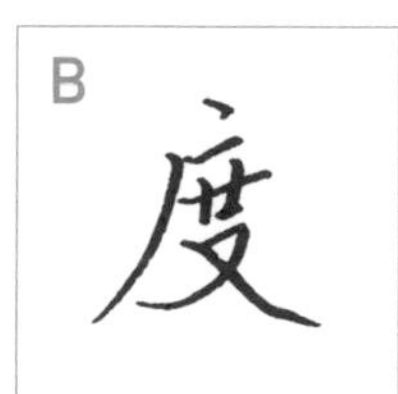

1

广部的字書寫時，由於下面都含納搭配的部分，因而广的長撇的位置，須將空間留好。
而广部的長撇書寫方式，可分兩種。
圖 A 的廣字，其長撇是沒有弧度的，較俐落剛勁。
圖 B 的度字，其長撇是帶有弧度的，較柔美飄逸。

座 庫 庭 庵 庶 康 庸 廊

座 庫 庭 庵 庶 康 庸 廊

廝 廠 廟 廡 廢 廣 [illegible] 庠

廝 廠 廟 廡 廢 廣 [illegible] 庠

座 庫
庭 庵
庶 康
廝 廠
廟 廡
廢 廣
[illegible] 庠

廴部

寫法示範

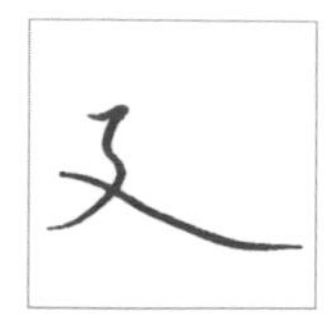

(一) 寫法說明

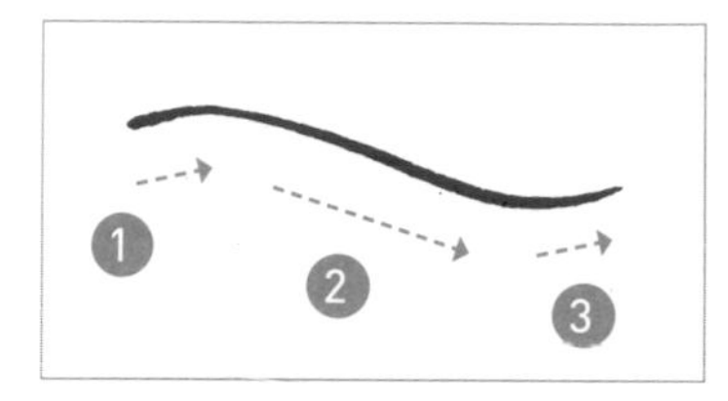

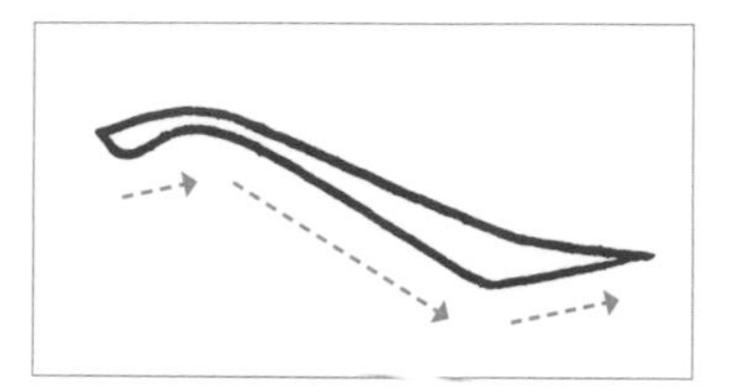

廴部首的捺畫在書寫時，以「一波三折」來展現美感。

❶這段行筆是重→輕；❷這段行筆如一般斜捺，由輕→重；❸這段行筆是重→輕，即書法中所謂出鋒，尾端放到最輕，產生飄逸之美。

(二) 例字說明

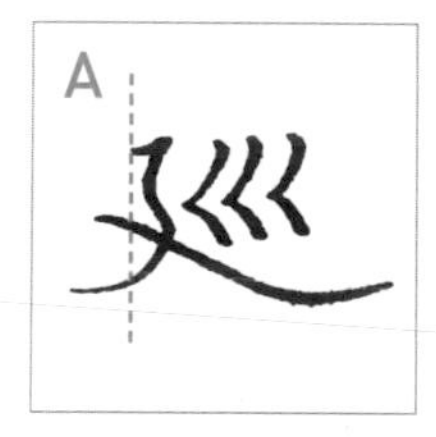

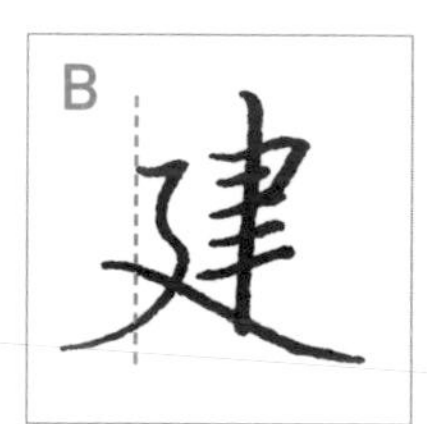

1

廴部首的撇畫，向外延伸出去可讓全字的左邊有開展的美感，也和平捺右邊的尾端取得平衡，左右兩邊都向外延伸。

如左圖的巡跟建字，其㇌的撇，都比上面的橫畫寬。

● NG寫法

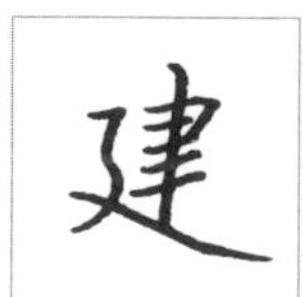

左圖的巡和建字，其撇沒有延展出去，而與上面的橫同寬，所以全字的左邊就會顯得侷促。

廷巡延建廻廸逞廹

廷巡延建廻廸逞廹

廷巡

延建

廻廸

逞廹

弓部

書寫示範

寫法示範

(一) 寫法說明

A B C

1 弓部首的最後一筆橫折鈎，可以有不同曲度的呈現。如圖 A 所示，是為向內弧的寫法，而如圖 B 所示，是直而沒有曲度的寫法。如圖 C 所示，是微向外弧的寫法。

D E F

2 弓部首的第一畫橫折，跟第二畫橫畫，可有長短不同的呈現。如圖 D 所示，第一畫橫折跟第二畫橫畫，兩者一樣長。而如圖 E 所示，第一畫橫折較短，而第二畫橫畫較長。再者如圖 F 所示，不但第二畫橫畫較長，還有出頭出來。

(二) 例字說明

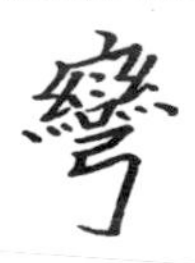

1 當弓部首位於全字下方時，會寫得較為寬扁，一方面足以展現出支撐全字的基石之感，一方面不會因太長而拉長了整個字。

A B

2 當弓部首位於全字左方時，其下面的鈎可以有長短之別。如圖 A 的強字，以及圖 B 的弘字，第一個字都是鈎較短的示範，而第二字都是鈎較長的示範。

彌彈弼張強弦引弘

彌彈弼張強弦引弘

弛弧弱弰彊弓弔弟

弛弧弱弰彊弓弔弟

彌彈
弼張
強弦
引弘
弛弧
弱弰
弔弟

彡部

書寫示範

寫法示範

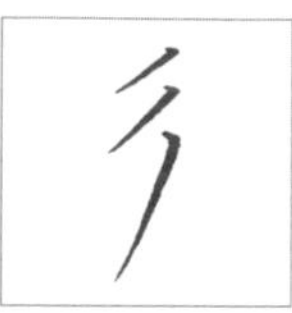

(一) 寫法說明

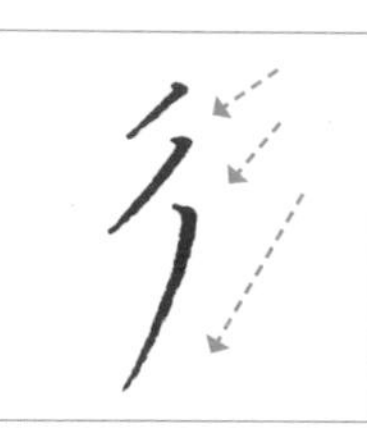

彡部首的三個撇，書寫時角度可有不同。以左圖為例，最上面第一撇角度最平，第二撇的角度較斜，第三撇的角度最直，如此可以形成錯落有致的美感。

(二) 例字說明

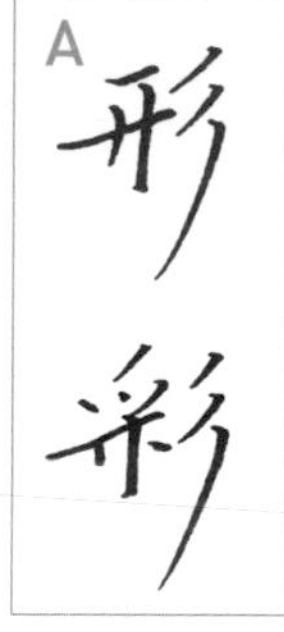

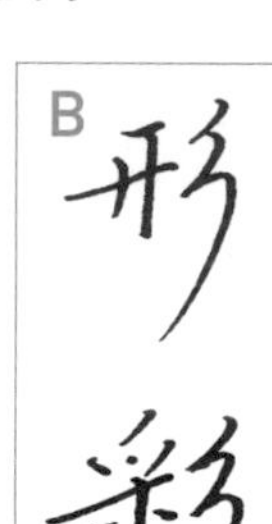

彡部首書寫時可以三畫分開，亦可三畫相連。如圖 A 的形跟彩字，其彡部的三撇是分開的寫法；如圖 B 的形跟彩字，其彡部的三撇採類似行書的寫法，以流暢圓潤的筆法表現。

形 彤 彫 彬 彩 彭 影 彰

形 彤 彫 彬 彩 彭 影 彰

彲 彣 彥 彧 彯 彡 彲 彩

影 彣 彥 彧 彯 彡 彲 彩

彳部

書寫示範

寫法示範

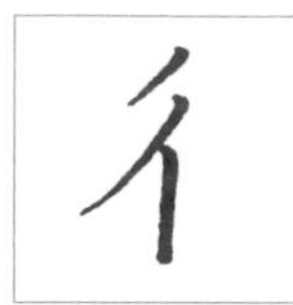

(一) 寫法說明

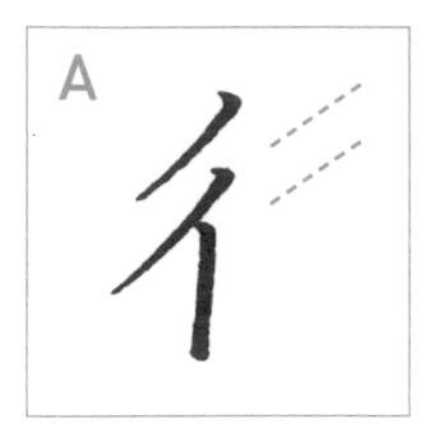

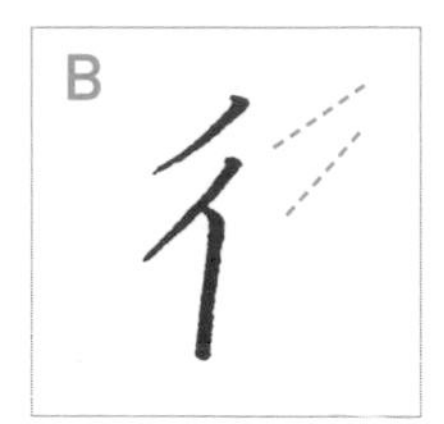

彳部首的兩個撇畫的斜度，可以如圖 A 平行一致，也可以如圖 B，第一撇斜度較平緩，而第二撇的斜度較斜。

(二) 例字說明

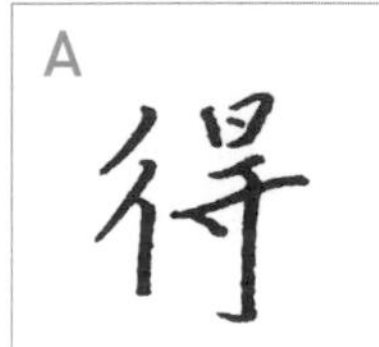

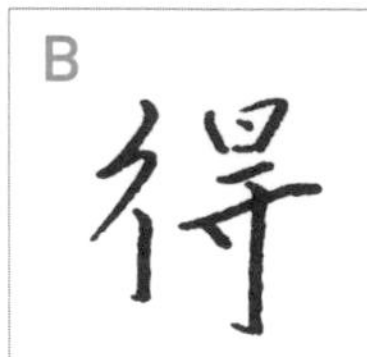

1

彳部首的兩撇在書寫時，可以如圖 A 兩撇分開書寫，也可以如圖 B，兩撇帶入行書的筆意，連起來寫，產生流暢的感覺。

C

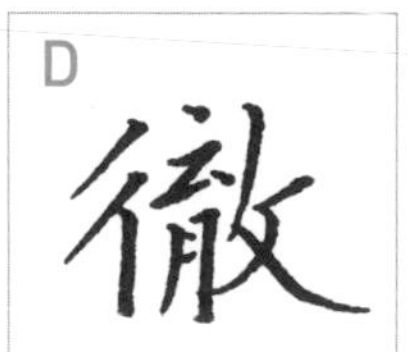

2

彳部的兩個撇畫，可以如圖 A，其彳部的兩撇帶有微微的弧度，也可如圖 B，其彳部的兩撇是直而乾脆的呈現。

得往
徊律
後徑
德徵
徽征
徇徹
徉衡

得往很徒徊律後徑

得往很徒徊律後徑

德徵徽征徇徹徉衡

德徵徽征徇徹徉衡

心部

書寫示範

寫法示範

心　忄

(一) 寫法說明

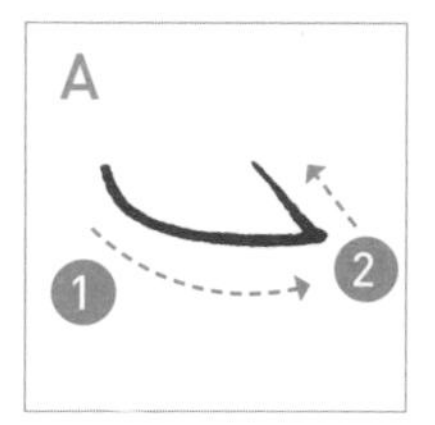

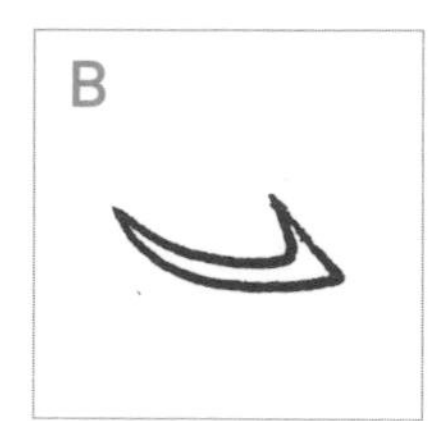

1

心部首的臥鉤是心的靈魂筆畫，托顯出整體的美。書寫時應注意輕重變化，第①段是由輕到重；第②段則是如書法中出鋒，重而輕較迅速地鉤上去。

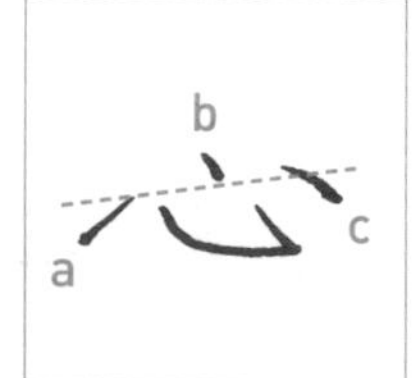

2

心部的三個點有高低之別。b 點最高，a、c 兩點較低，如此層次便能豐富。

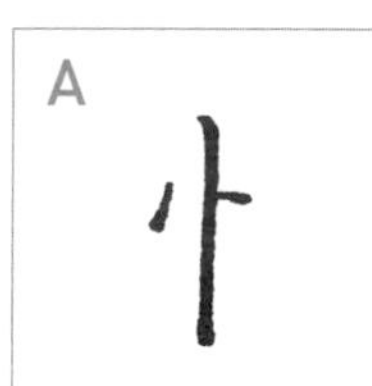

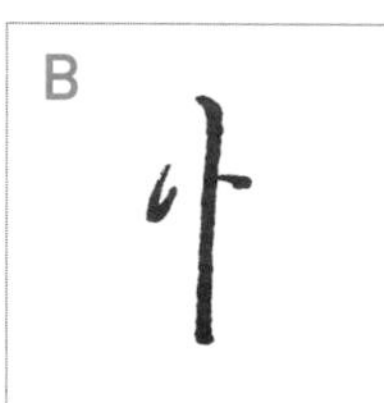

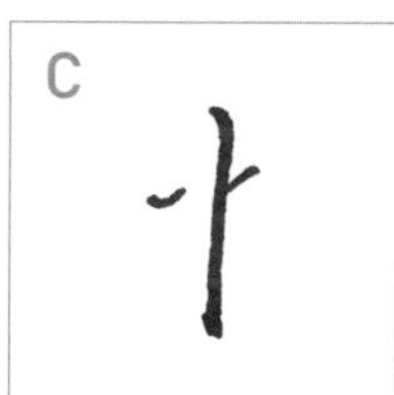

D

3 忄部首的兩個點畫，可有不同形式的呈現。如圖 A 所示，是標準的左點與右點的組合。而如圖 B，是左挑點與右點的組合。如圖 C，是挑點與撇點的組合。如圖 D，是左點與右點連貫起來書寫。

(二) 例字說明

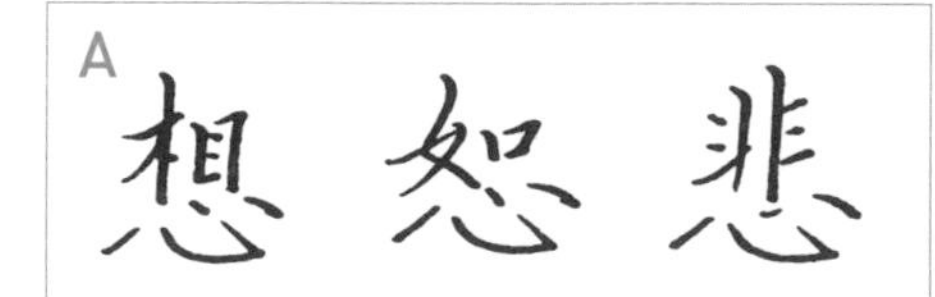

B
想 怨 悲

1 以寬度而論，心部某些字在書寫時可有兩種方式，A 組是將心寫得比上半部寬，使全字呈三角形之態；B 組是將心寫得與上半部等寬，全字呈方形之姿。

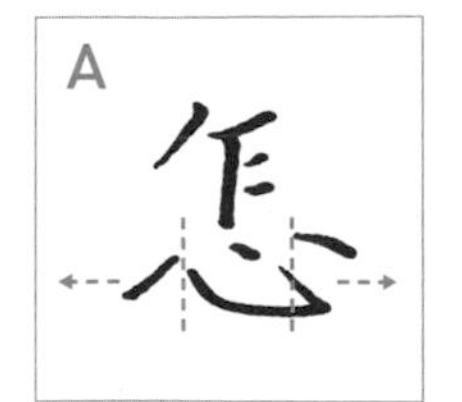

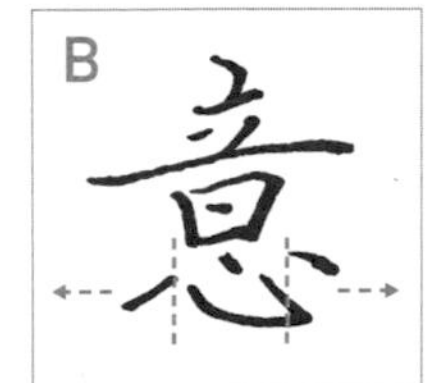

2

心部的字，無論是像「怎」字這種明顯心寬於上半部「乍」的字形，或是像「意」這種上半部較寬的字形。在寫心時，其左右兩點皆應寬於臥鉤，向左右開展，則能似穩固地基撐起全字。

● NG寫法

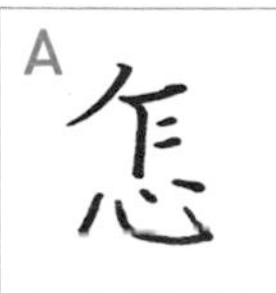

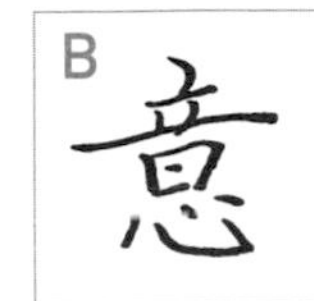

若心的左右兩點未向左右邊開展，則會顯得侷促而瑟縮。

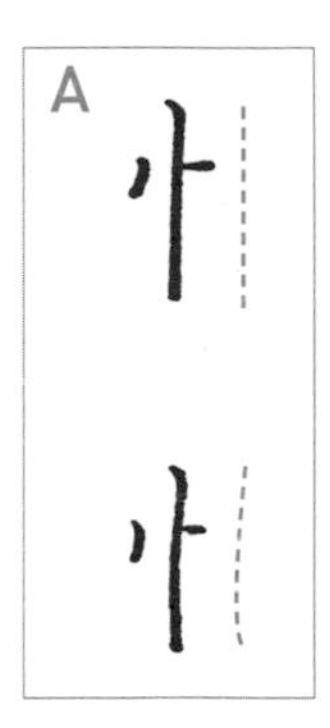

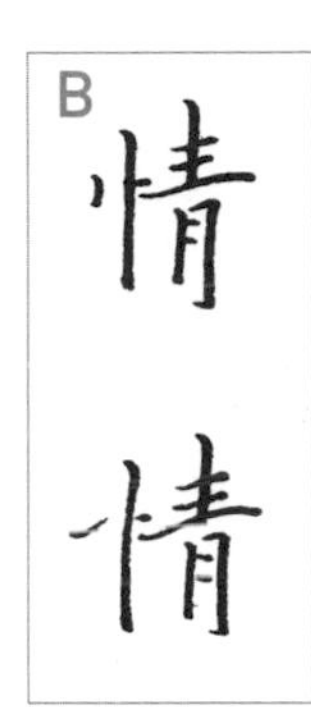

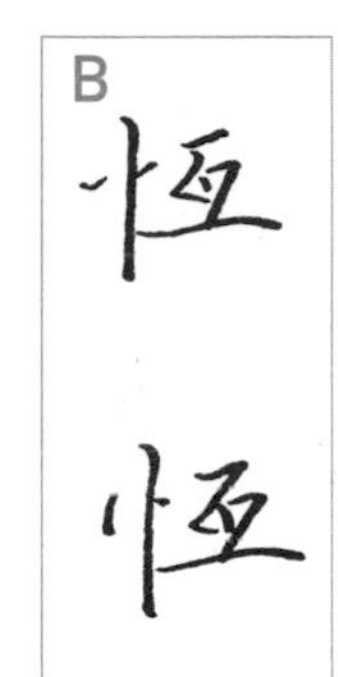

3

忄部首的豎畫，書寫時可以筆直也可彎曲。如圖 A 所示，第一個忄的豎是筆直的，第二個忄的豎是帶有往左彎的弧度。圖 B 的「情」字及圖 C 的「恆」字，其第一個字的忄都是豎畫筆直的寫法，看起來穩健；而第二個字都是豎畫帶弧度的寫法，流露出飄逸之感。

忠 悲 忌 忍 忘 念 忿 怎

忠 悲 忌 忍 忘 念 忿 怎

忑 志 怒 思 怠 急 恐 恕

忑 志 怒 思 怠 急 恐 恕

忠悲 忌忍 忘念 忿怎 忑志 怒思 怠急

悉 恙 悠 您 想 愁 愍 意

悉 恙 悠 您 想 愁 愍 意

忙 忤 忱 怪 怖 性 情 悦

忙 忤 忱 怪 怖 性 情 悦

悉 恙

悠 您

想 愁

忙 忤

忱 怪

怖 性

情 悦

風部

寫法示範

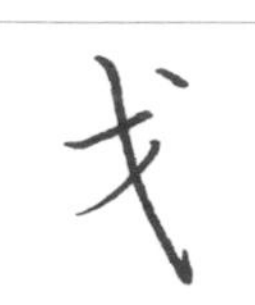

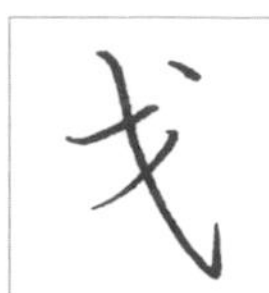

(一) 寫法說明

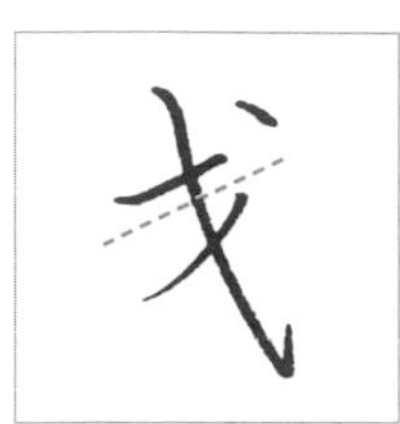

1

戈部首的橫畫，書寫時若能往右上斜，則與豎彎鉤會形成挺拔飄逸之勢。

● NG寫法

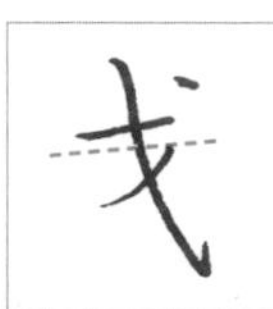

如橫畫寫得完全水平，則整體顯得呆板不活潑，且無論單獨寫或是搭配字旁，整體會有扁塌之感。

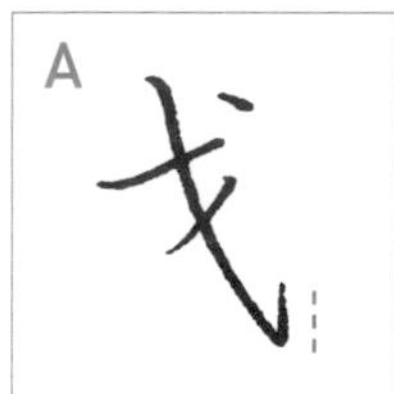

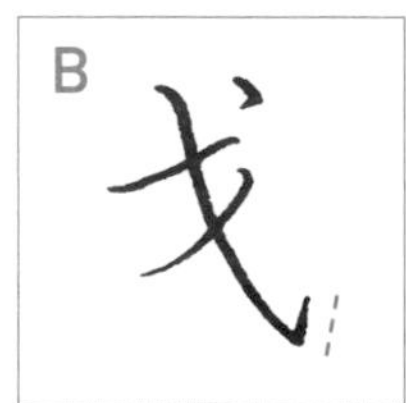

2

戈部首的豎彎鉤末端鉤起的角度，可以像圖 A 筆直向上，亦可像圖 B 微向右上鉤起。

(二) 例字說明

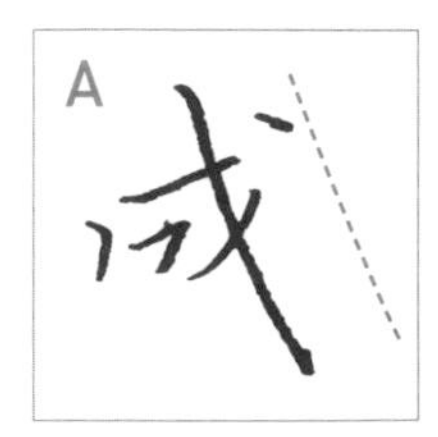

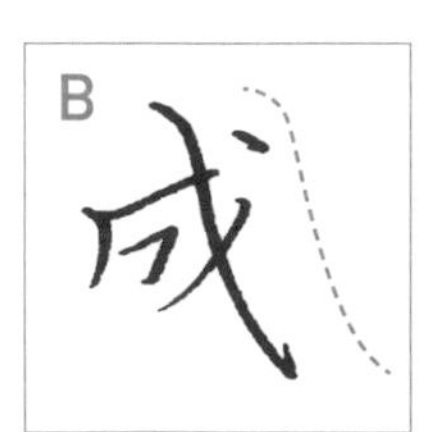

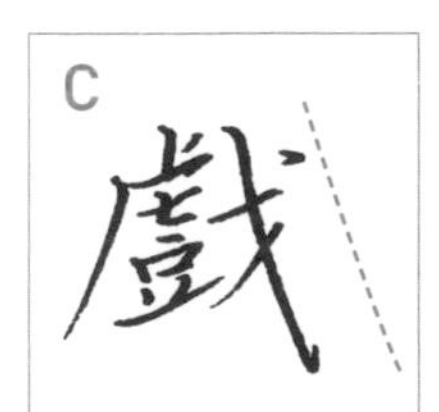

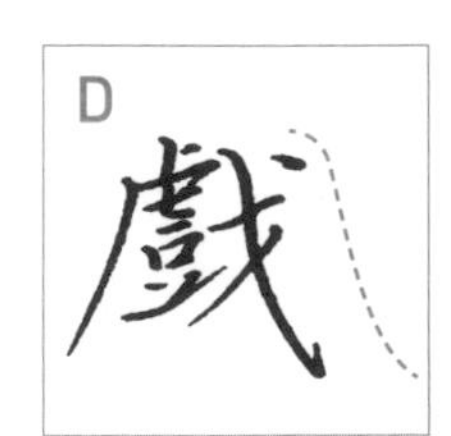

戈部的豎彎鉤可有兩種表現方式，圖 A 及圖 C，豎彎鉤弧度較小；而圖 B 及圖 D，其豎彎鉤弧度較大，較顯活潑之態。

弋 戊 戌 戎 成 戒 我 或

弋 戊 戌 戎 成 戒 我 或

戰 戚 戳 戴 戲 戕 戔 戛

戰 戚 戳 戴 戲 戕 戔 戛

弋 戊
戌 戎
成 戒
我 或
戰 戚
戳 戴
戲 戕

手部

寫法示範

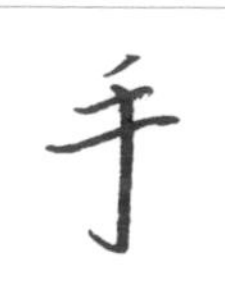

(一) 寫法說明

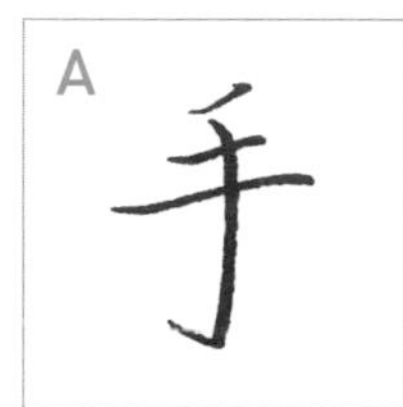

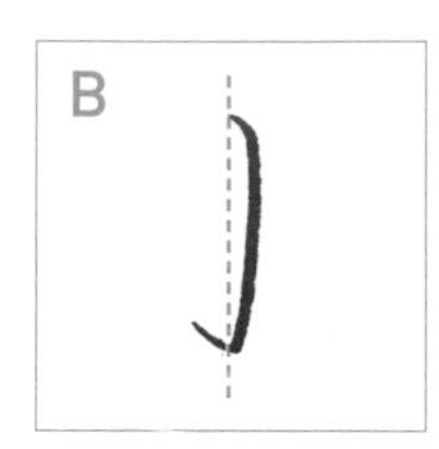

1

手部首的豎鉤書寫時不需要彎度太大，如圖 A 呈現，帶有微小的弧度即可，而起筆和末端則如圖 B 所示，位於同一垂直線上。

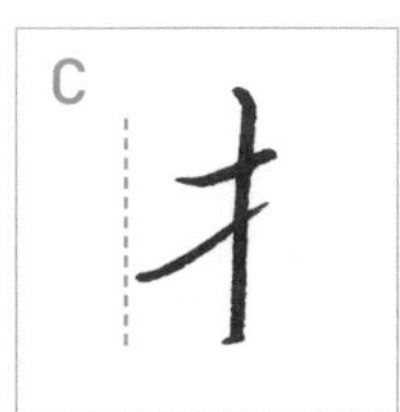

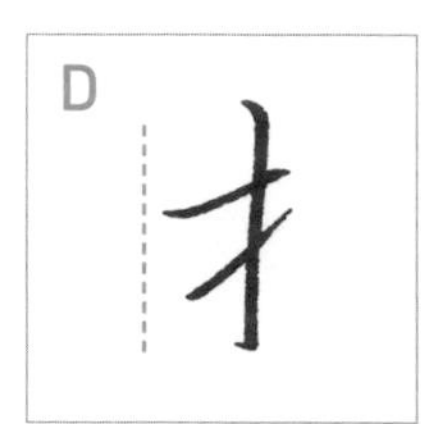

2

提手旁的挑畫，可如圖 C 寫得較上面的橫畫寬，也可如圖 D 與上面的橫畫等長。

(二) 例字說明

A

推

推

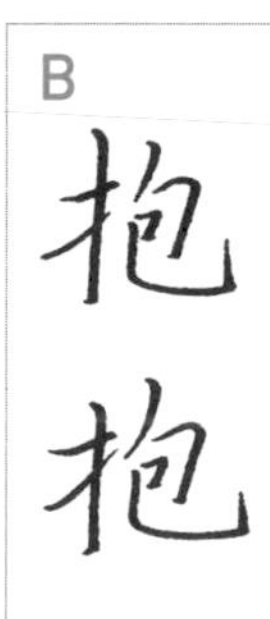

提手旁的豎鉤，其起筆的高度，可以跟右邊字旁等高，或是高於右邊字旁，也可以低於右邊字旁，如圖 A。第一個提手旁即與右邊的隹等高，第二個字的提手旁則低於右邊的隹。圖 B 的抱字亦同，第一個字的提手旁高於右邊的包，第二字的提手旁則低於右邊的包。

手打扔扒找承把抛

手打扔扒找承把抛

抑批技扮扯抒抓投

抑批技扮扯抒抓投

手打
扔扒
找承
把抛
抑批
技扮
抓投

攴部

書寫示範

寫法示範

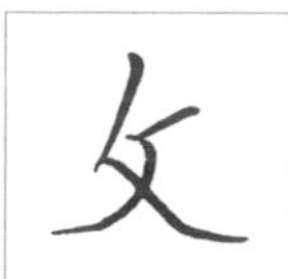

(一) 寫法說明

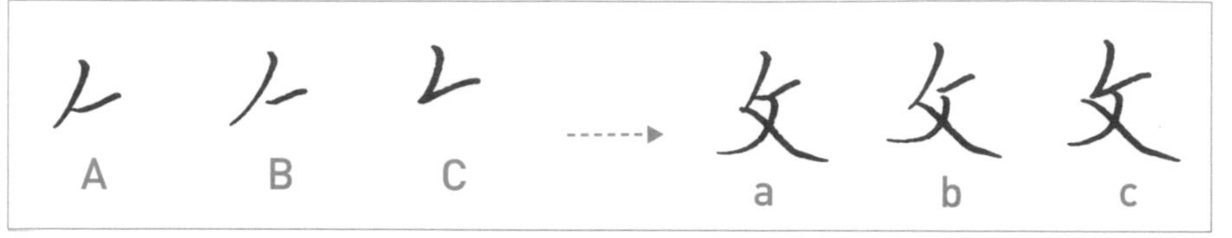

1 攴部首上面兩畫（撇和橫）可以有不同表達方式。在此舉出三種供讀者了解，細緻處的不同變化，可以帶來不同姿態。
圖 a 撇與橫是接實的；圖 b 撇與橫是有間隙的；圖 c 撇改成斜豎，直接轉折連接橫畫。

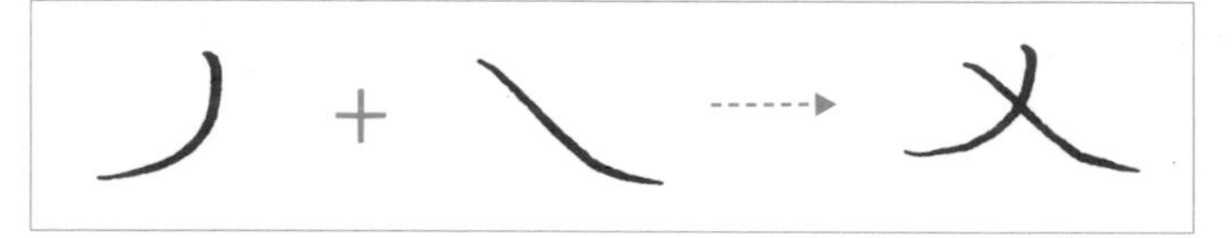

2 下面的撇與捺互相的配合很重要。撇是先直再彎的弧撇，捺是斜捺。捺與撇的交會點是弧撇由直轉彎的地方。

(二) 例字說明

＊攴部首搭配左邊偏旁時，大抵可分為兩種類型。

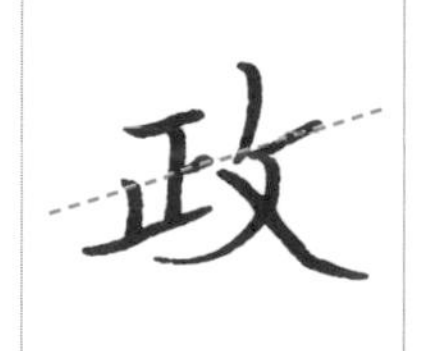

1 左短右長型：
以政字為例，屬於左邊短、右邊長類型。
（1）攵的頂端，即撇的起筆高於左邊的「正」。
（2）攵的下緣，即弧撇與捺的底端，低於左邊的「正」。
（3）攵的橫畫，約對著「正」一半處，銜接著「正」的短橫的斜勢，繼續往右上緩緩上斜，形成挺拔的美感。

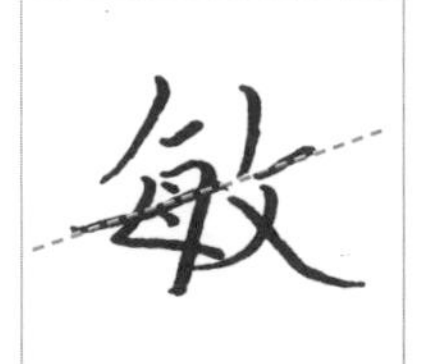

2 左長右短型：
以敏字為例，屬於左長右短型。
（1）攵的頂端與下緣皆短於「每」。
（2）攵的橫畫，約對著「母」的橫畫，沿其斜勢繼續往右上斜。
（3）攵的撇與「每」的撇，角度可以不同，形成錯落的美感。

收攻攸改放政效啟

收攻攸改放政效啟

敢散敦敬敲數敵敷

敢散敦敬敲數敵敷

收攻
攸改
放政
敢散
敦敬
敲數
敵敷

斤部

寫法示範

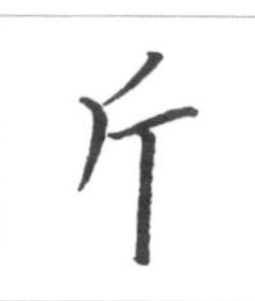

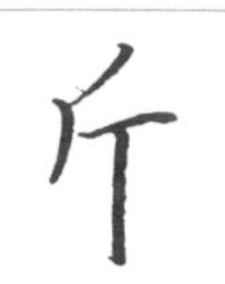

(一) 寫法說明

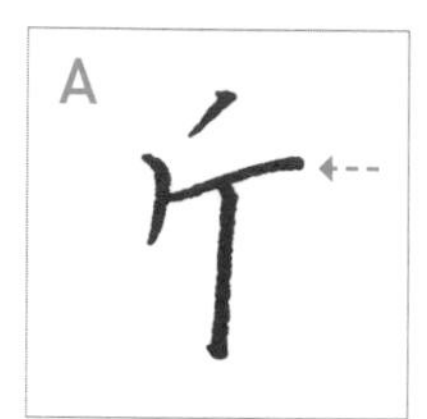

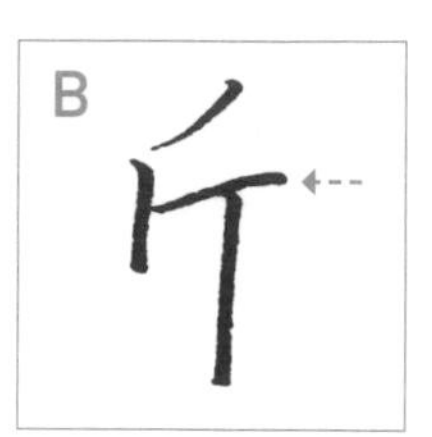

1

斤部首的橫畫長度，可以如圖 A 寫得較長，也可如圖 B 寫得較短。

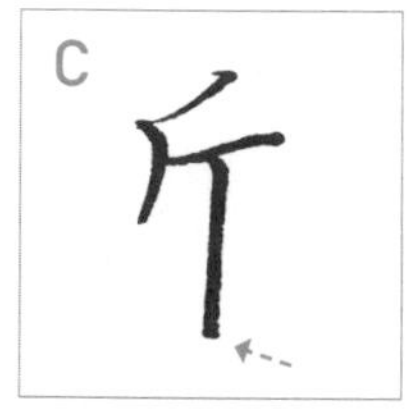

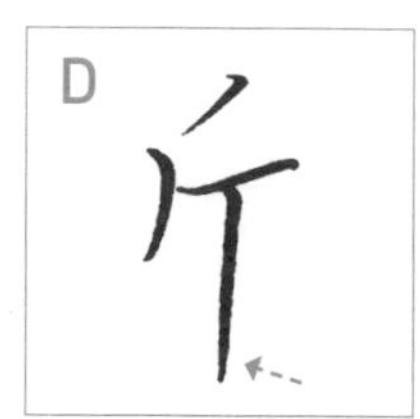

2

斤部首的豎畫，可以如圖 C 以書法中的垂露豎來呈現，即行筆是重到輕到重，尾端是頓筆的感覺。也可以如圖 D，以書法中的懸針豎呈現，行筆是由重到輕，尾端如針尖。

(二) 例字說明

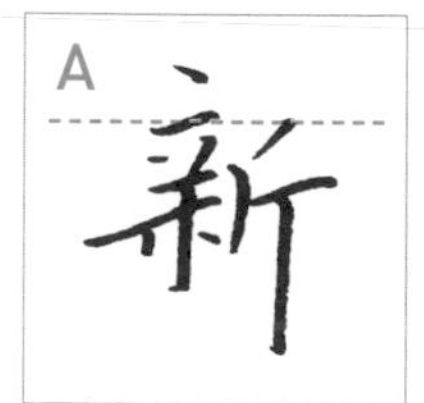

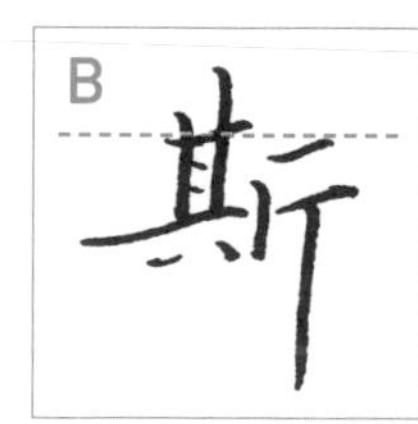

斤部首在與左邊偏旁搭配時，通常會寫得較低，呈現出錯落有致的美感。如左圖的「新」字及「斯」字，都是這樣的示範。

斤 斥 斧 斬 斷 斯 新 斲

斤 斥 斧 斬 斷 斯 新 斲

斤 斥 斧 斬 斷 斯 新 斲

日部

書寫示範

寫法示範

(一) 寫法說明

A B

1

日部首右邊的豎畫，其右下角書寫時，可如圖 A 沒有鉤起，也可如圖 B 鉤起。

C D

2

日部首位在全字左邊時，其下面的橫畫可寫作由重至輕的挑畫，而起筆書寫時，可如圖 C 有出頭，也可如圖 D 不出頭。

(二) 例字說明

A B

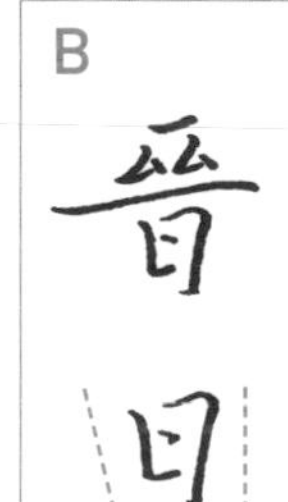

1

日部首位於全字下方時，書寫時可如圖 A 上下均寬的形狀，也可如圖 B 寫作上寬下窄的形狀。

C D E

2

日部首位於全字左方時，書寫時可如圖 C 所示，左右兩邊的豎畫微微向內弧，產生一種挺拔的力度，圖 D 的時字及圖 E 的昧字即是其應用。

旨 早
旬 旭
昇 旺
旻 昌
明 昏
昂 昆
暑 普

日 旦 旨 早 旬 旭 昇 旺
日 旦 旨 早 旬 旭 昇 旺

旻 昌 明 昏 昂 昆 暑 普
旻 昌 明 昏 昂 昆 暑 普

木部

寫法示範

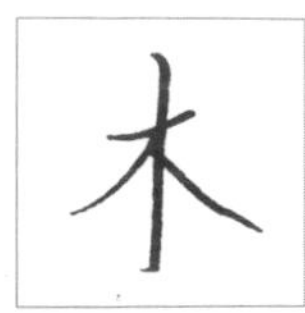

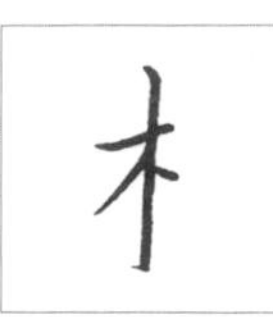

（一）寫法說明

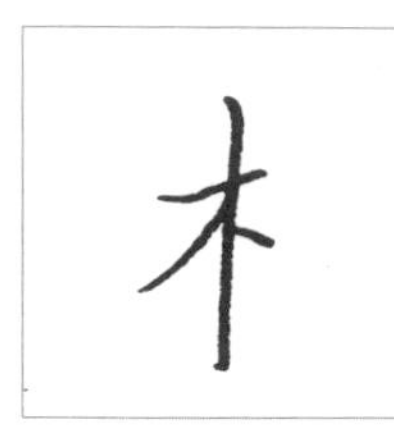

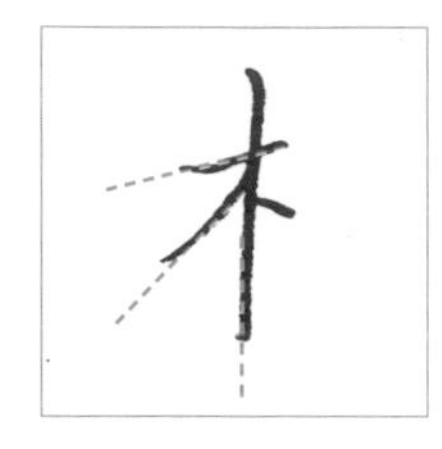

1

木部首撇的斜度，若將木部首的橫與豎視為一個直角，則撇大約是 45°。

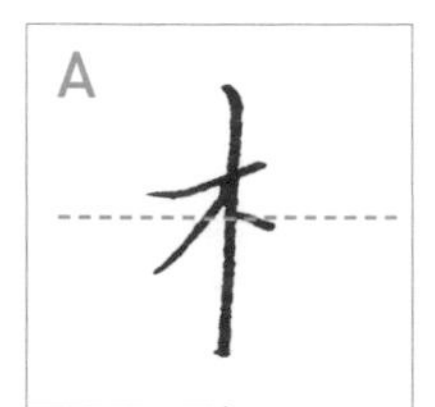

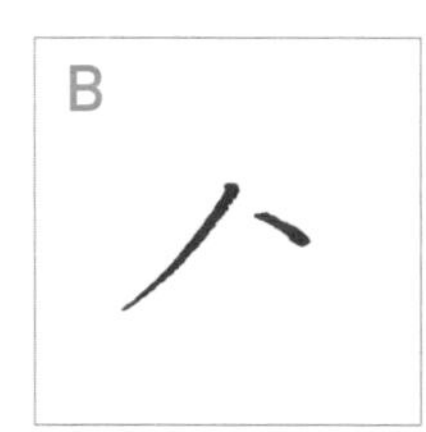

2

木部首撇和點，起筆的高度可以不同，通常撇的起筆高於點，若將撇和點單獨提出來看，即如圖 B，點低於撇。

（二）例字說明

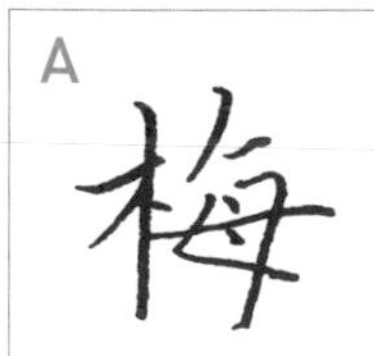

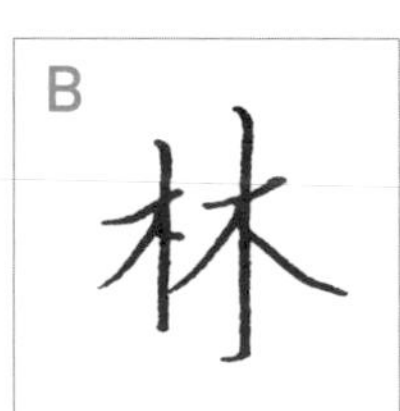

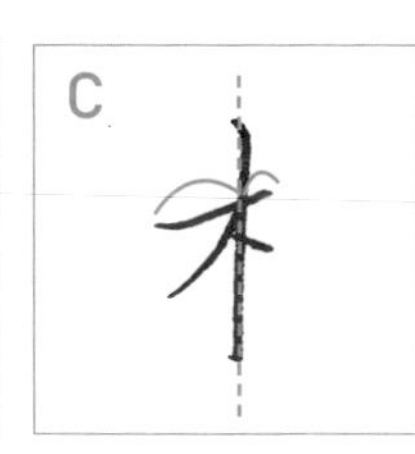

1

木部首做為字旁時，由於右邊還有另一半的部分，所以如圖 C 木部中間豎畫，右邊的另一半橫畫以及點畫都較短，將空間讓出來給右半邊字旁。

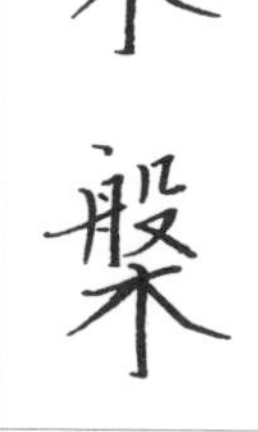

2

木部首在全字下方時，可有兩種表現方式，圖 D 的「桌」與「槃」，採用的寫法是橫畫長，下面兩邊的兩個點畫短的寫法。而圖 E 的「桌」跟「槃」，則是橫畫短，下面兩邊的撇畫跟捺畫長的寫法。

村	杖
材	杭
松	板
桌	橢
渠	棃
梨	桀
案	桃

村	杖	材	杭	松	板	柿	林
村	杖	材	杭	松	板	柿	林

桌	橢	渠	棃	梨	桀	案	桃
桌	橢	渠	棃	梨	桀	案	桃

气部

寫法示範

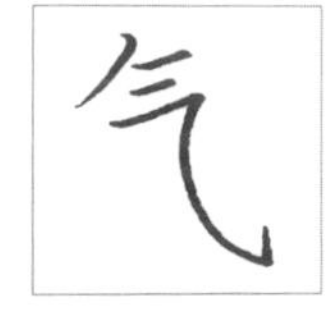

書寫示範

(一) 寫法說明

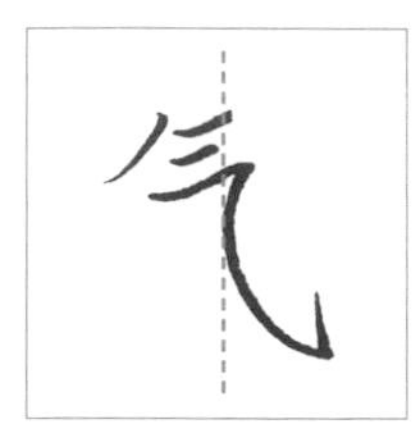

1

气部首的橫折彎鉤，書寫時如左圖所示，彎進來一點後，即可慢慢向右側彎出，便能有恰到好處的彎度美感，在力度與柔美之間取得平衡，也不會佔用到容納裡面部分的空間。

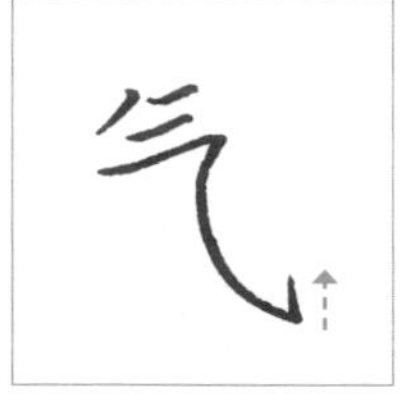

2

气部首的橫折彎鉤，其鉤的部分，筆直向上鉤起最為好看，盡量不要向內或向外傾斜。

(二) 例字說明

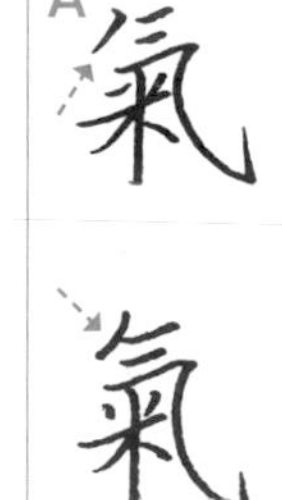

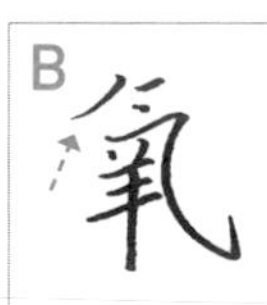

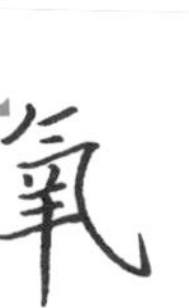

1

气部首的第一筆撇畫，可以有不同形式的變化，這邊列舉兩種。如圖 A 及圖 B 的「氣」字以及「氧」字，其第一個字都是採用重到輕的撇畫書寫，而第二個字都是採用輕到重的彎豎來呈現。

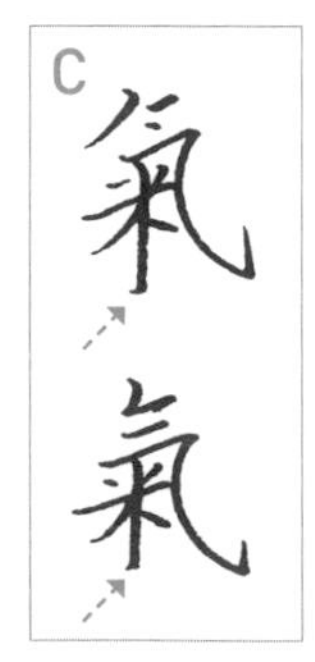

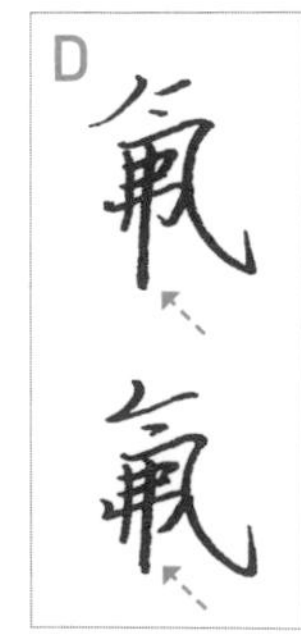

2

气部首在全字中，其下面搭配的部分，書寫時可以寫得比气的橫折彎鉤的下緣更低，也可以與橫折彎鉤的下緣齊平。如圖 C 的「氣」字，以及圖 D 的「氟」字，第一個字都是將下面部分寫得更低的呈現，而第二個字都是齊平的呈現。

氣	氚
氙	氛
氟	氤
氧	氫

氣	氚	氙	氛	氟	氤	氧	氫
氣	氚	氙	氛	氟	氤	氧	氫

水部

書寫示範

寫法示範

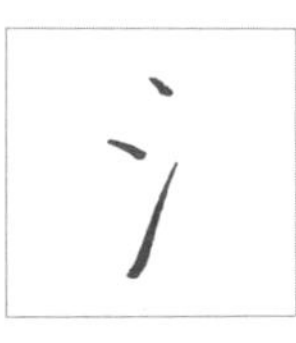

（一）寫法說明

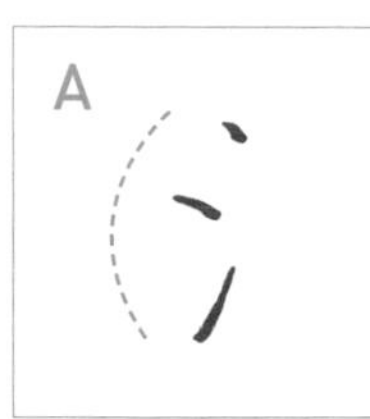

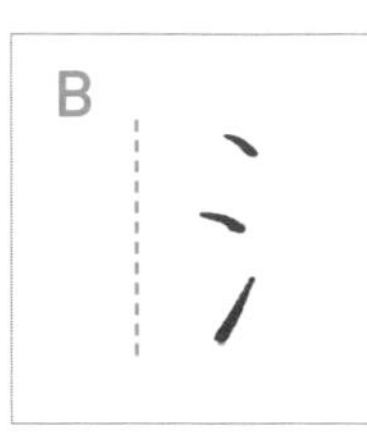

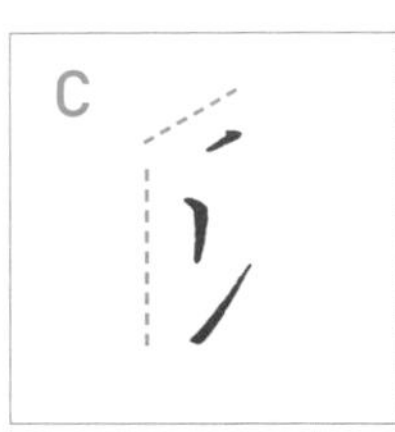

1 水部首的三點水排列方式，有三種呈現方式。
圖 A 是弓形，呈弧狀排列；圖 B 是直線形，上至下一直線排列；圖 C 是杖形，第一點似拐杖的手把，下兩點似拐杖的身。

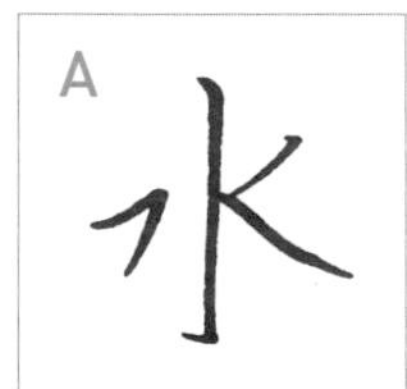

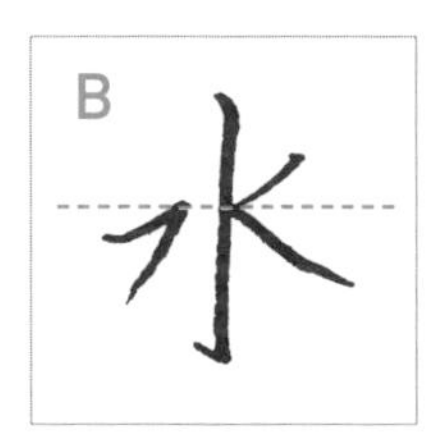

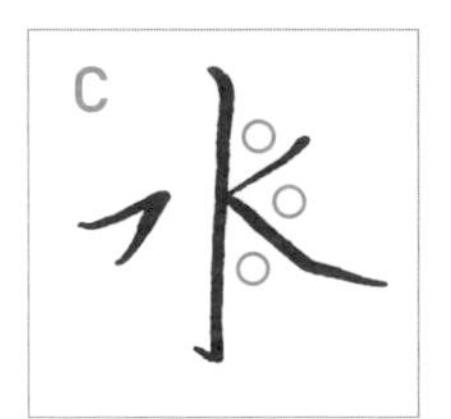

2 （1）水部首在字中時不一定全為三點水，而是以完整的水字貌呈現，寫法即如圖 A 所示。
（2）書寫時，左邊的橫折撇與右邊的撇和捺，如圖 B 所示，高度約對在豎鉤的中心點。
（3）右邊的撇和捺書寫時，角度宜放置得當，使圖 C 所示的三個間距大致等寬。

● NG寫法

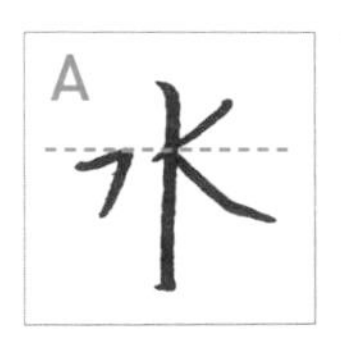

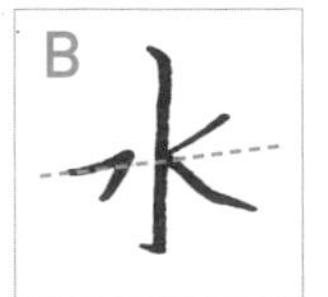

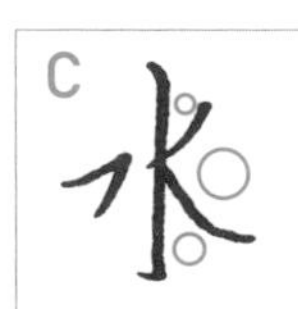

（1）若左邊的橫折撇與右邊的撇與捺，偏到豎鉤中心點以上，則如圖 A 有腳長之感；若偏到豎鉤的中心線以下，則如圖 B 有頭過長之感。
（2）若豎鉤右邊的撇和捺，角度沒控制好，會如圖 C 所示，之間的三個空間大小分佈不均，有凌亂之感。

(二) 例字說明

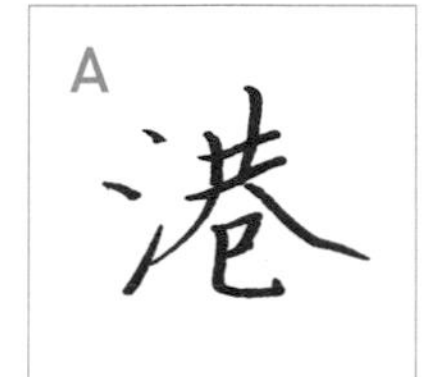

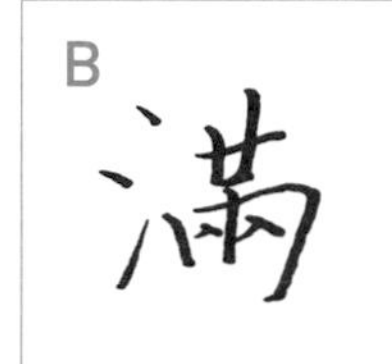

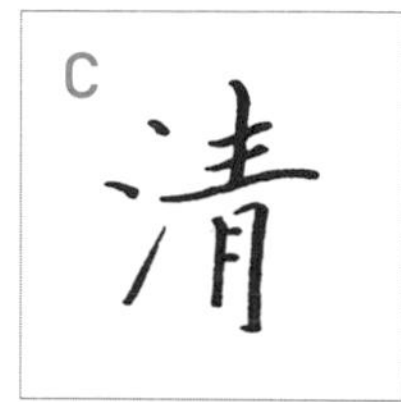

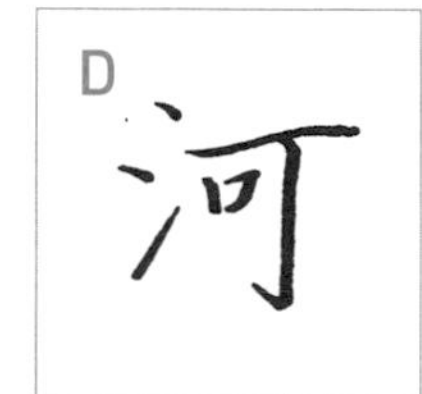

1 三點水的第三畫是挑畫「㇀」，其角度可視右半邊字旁的形狀而調整。
圖 A 與 B 的「港」與「滿」，右半邊部分的下面都比較寬，所以三點水的挑在書寫時，角度較直，方不致與右半打架。
而圖 C 與 D 的「清」與「河」字，其右半部分的下面比較窄，因而三點水的挑畫角度可較斜，剛好填補空的部分。

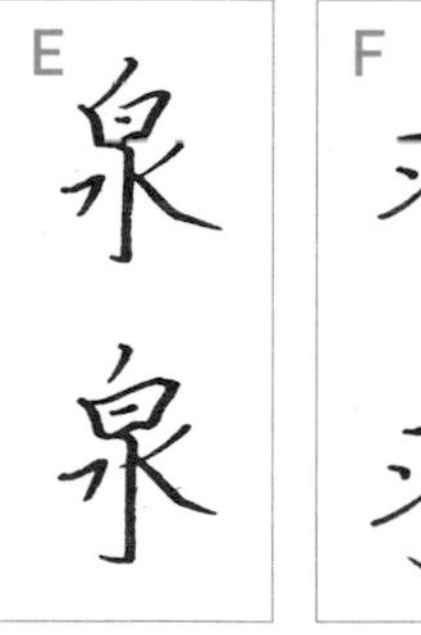

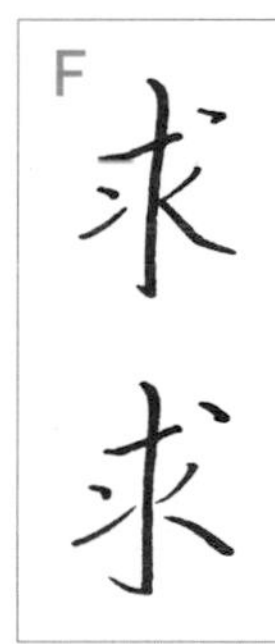

2

水部首的鉤，寫長寫短都有不同韻味。
圖 E 的「泉」與圖 F 的「求」，第一個字是較短的鉤，第二字是較長的鉤，各有獨自的姿態。

海清港消河漂滿潔

海清港消河漂滿潔

溼泉求漿永水泰漫

溼泉求漿永水泰漫

海清

港消

滿潔

溼泉

求漿

永水

泰漫

濱演滴源澤漢準瀑

濱演滴源澤漢準瀑

濱演
滴源
澤漢
準瀑

火部

書寫示範

寫法示範

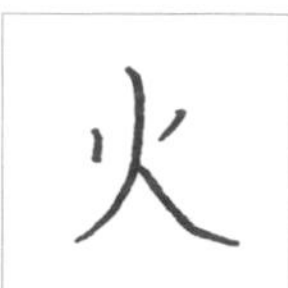

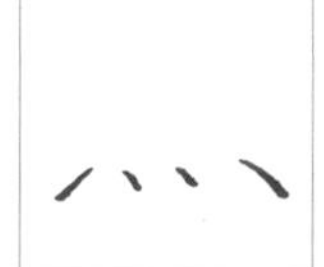

（一）寫法說明

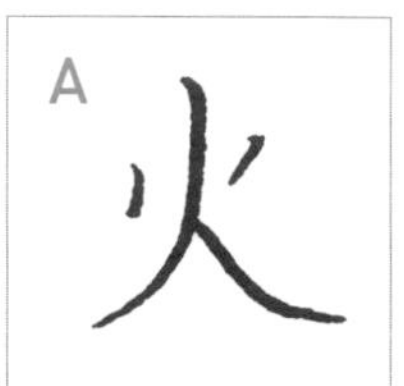

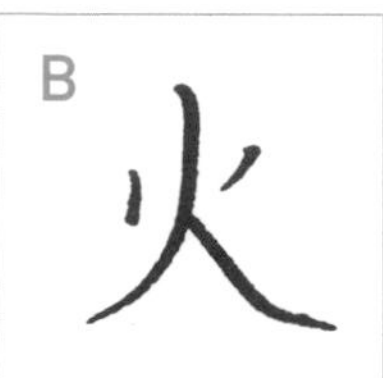

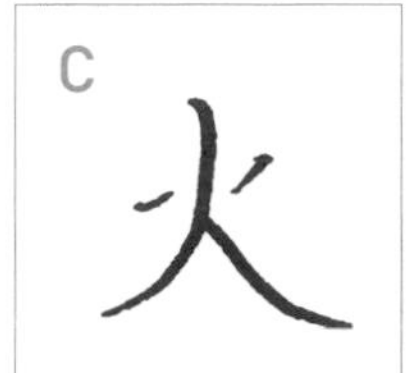

1

火部首左邊的點畫可有不同的寫法，如圖 A 是點的形式；圖 B 是左點的形式，圖 C 是挑點的形式。

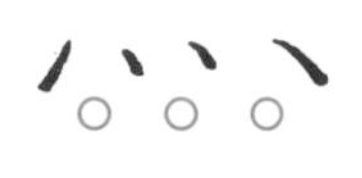

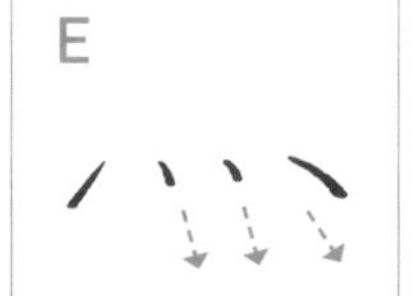

2

火部首的四個點畫書寫時，如圖 D 所示，彼此之間的間距宜相等，而各自的角度如圖 E 所示，可以不同。右邊的三個點雖然都是右點，第二與第三個點，可以寫較直，第四個點較斜，這樣層次變化就更加豐富。

（二）例字說明

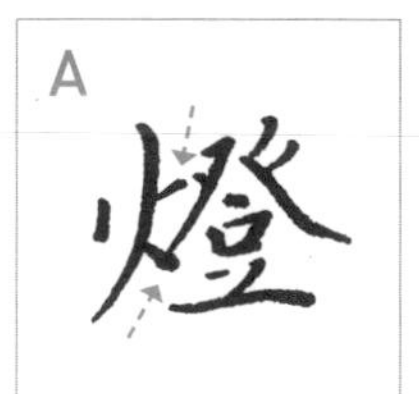

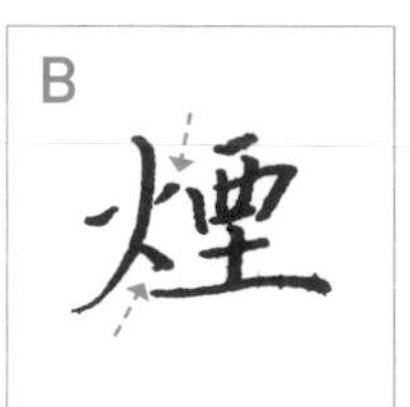

1

火部首在全字左邊時，由於右邊有字旁，所以火右邊的撇跟點會縮短，把空間讓給右邊的字旁。

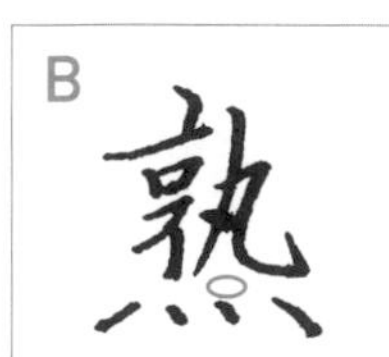

2

火部在字的下方時，這四點擔任全字地基的角色，書寫時跟上面部分稍微留一些間隔，格局上會更開展而有氣勢。

燭	煤
煙	焼
煌	煩
炬	燦
燦	爛
煌	煩
照	[illegible]

燭	煤	煙	焼	煌	煩	炬	燦
燭	煤	煙	焼	煌	煩	炬	燦

燦	爛	燭	煙	煌	煩	炬	焼
燦	爛	燭	煙	煌	煩	炬	焼

煤 灶 燈 灼 炊 炙 炭 炬

煤 灶 燈 灼 炊 炙 炭 炬

炮 烔 炳 炸 爲 杰 焔 烈

炮 烔 炳 炸 爲 杰 焔 烈

煤 灶 燈 灼 炊 炙 炮 烔 炳 炸 爲 杰 焔 烈

烘烙焭焉焚煮無焦

烘烙焭焉焚煮無焦

焰然煎煞煥煦照煲

焰然煎煞煥煦照煲

烘烙
焭焉
焚煮
無焦
焰然
煎煞
煥煦

片部

寫法示範

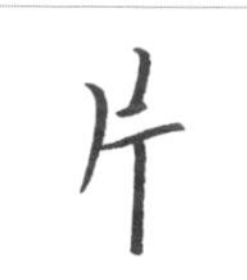

書寫示範

(一) 寫法說明

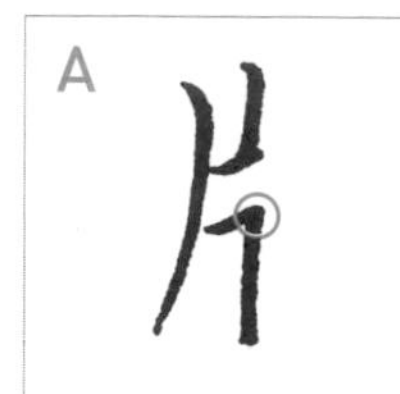

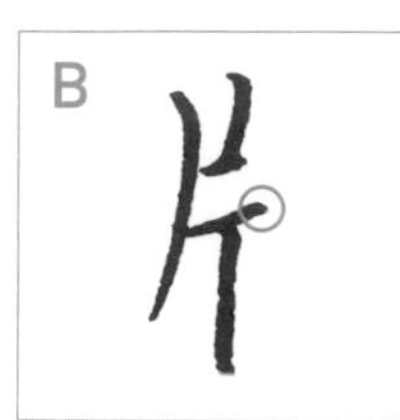

1

片部首的橫畫，書寫時可以如圖 A 寫得較長，也可以如圖 B 寫得較短。

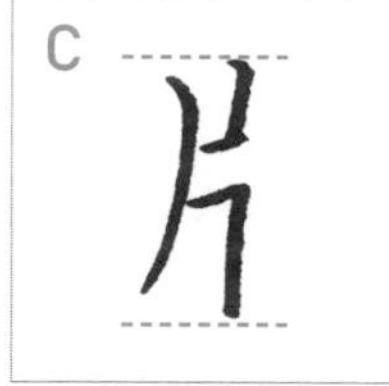

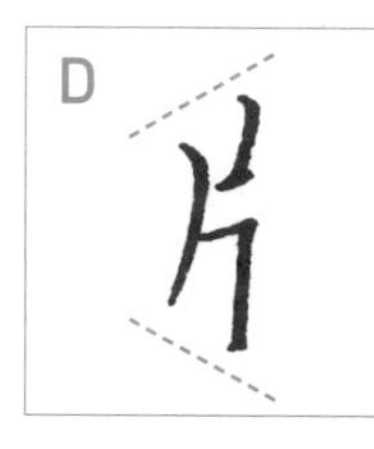

2

片部首第一筆的撇畫，可如圖 C 寫得跟右邊的兩個豎畫上下等長，也可如圖 D 寫得比右邊兩個豎畫短。

(二) 例字說明

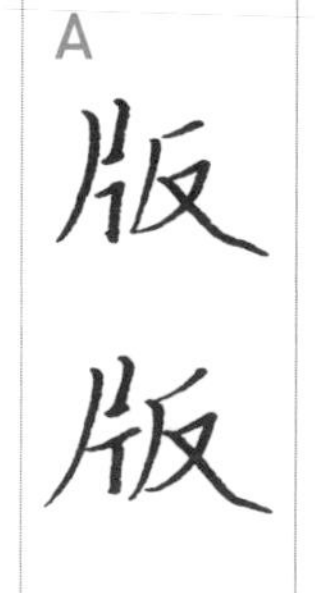

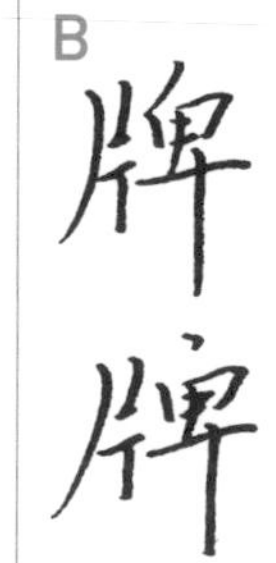

片部首第一筆的撇畫，書寫時可以有斜度不同的差別。如圖 A 的「版」及圖 B 的「牌」，第一個字都是撇畫寫得較直的形式，而第二個字都是撇畫寫得較斜的呈現方式。

片 版 牒 牌 牘 牑 牗 𤗽

片 版 牒 牌 牘 牑 牗 𤗽

片 版

牒 牌

牘 牑

牗 𤗽

玉部

書寫示範

寫法示範

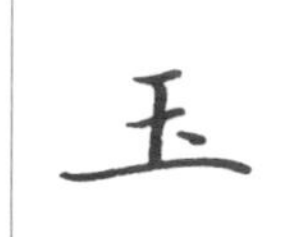

王

(一) 寫法說明

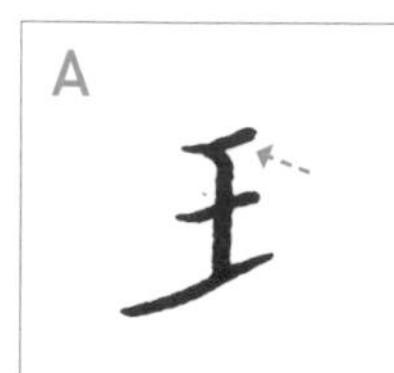

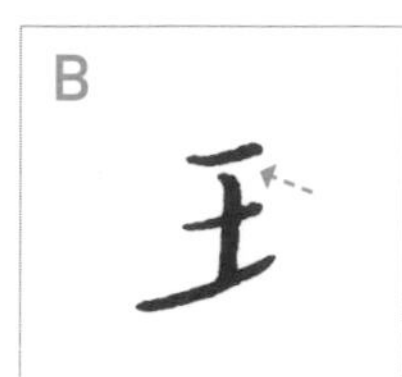

1

玉部首的第一橫和中間的豎畫，可以如圖 A 接實，也可以如圖 B，留有一點間距。

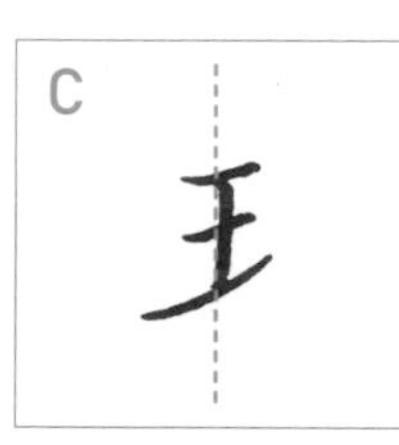

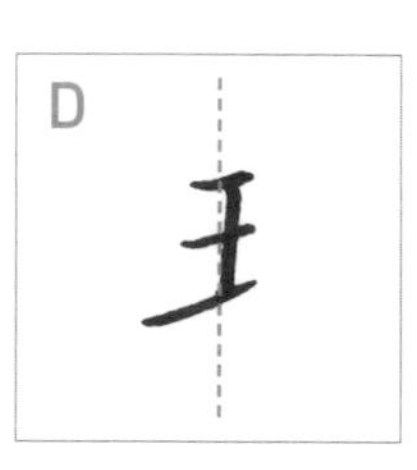

2

玉部首的豎畫，可以如圖 C 寫在正中央，也可以如圖 D 寫在偏右邊。

(二) 例字說明

A	B	C
王	琉	璃
王	琉	璃
王	琉	璃

玉部首的兩個橫畫及下面的挑畫，彼此的長度、角度，可以由不同的變化產生不同姿態。如圖 A 舉出三種組合，而圖 B 的「琉」及圖 C 的「璃」，即將三種組合帶入，產生的感覺也不同。

班琉璃珞玲珍玩玫

班琉璃珞玲珍玩玫

璧璽環璀瑩琴瑟瑙

璧璽環璀瑩琴瑟瑙

班 琉
璃 珞
玲 珍
璧 璽
環 璀
瑩 琴
瑟 瑙

白部

書寫示範

寫法示範

(一) 寫法說明

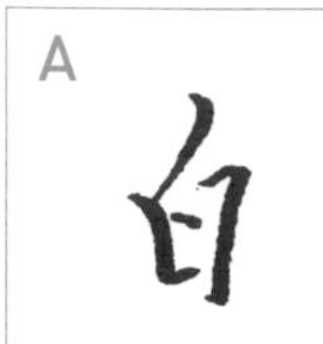

B

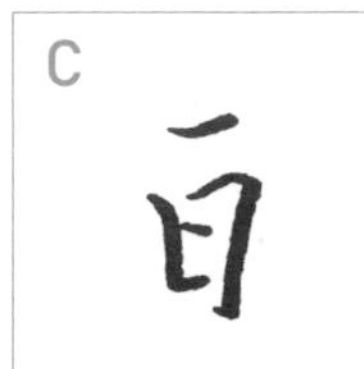

D

1 白部首上面的第一筆撇畫，可以有許多不同的書寫方式。如圖 A、B 所示，兩個撇畫的角度，以及和下面日的連接方式不同；而如圖 C 所示，可以換作以短橫取代撇畫。另如圖 D 所示，也可用點畫代替撇畫。

(二) 例字說明

A B

當白部首位於全字左方時，可有寬窄之別。上面圖 A 的「的」及圖 B 的「皎」，其第一個字都是將白寫得較寬的呈現方式，而第二個字，便是將白寫得較窄的呈現。

A B

當白部首位於全字下方時，其兩邊的豎畫可以寫得筆直，也可以寫得微向內傾，上寬下窄的形狀。如圖 A 的「皆」及圖 B「百」。

白的百皆皈皎皂皇

白的百皆皈皎皂皇

白的

百皆

皈皎

皂皇

目部

書寫示範

寫法示範

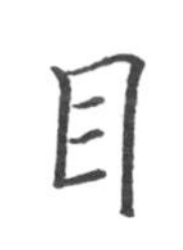
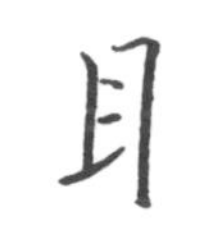

(一) 寫法說明

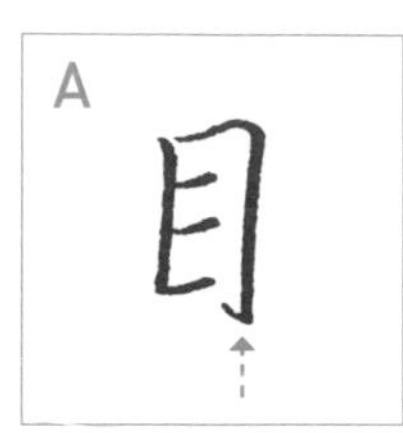
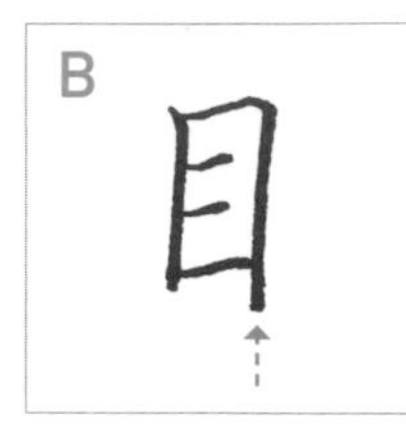

1

目部首在全字下方時，或是單獨書寫時，其右邊的豎畫末端可以如圖 A 鈎起，也可如圖 B 不鈎起，拉長一點呈現出頭長過橫畫的形式。

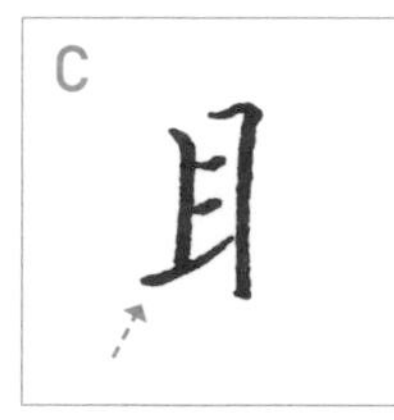
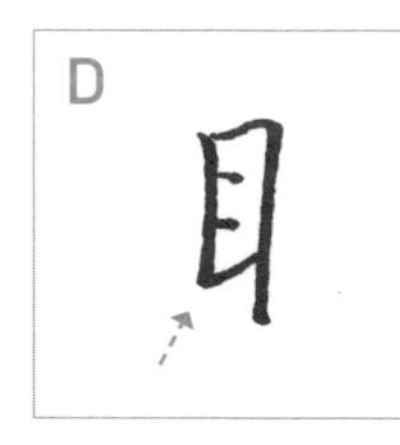

2

目部首在字的左邊時，最下面的橫畫會改成挑畫的寫法。而書寫時可以如圖 C，起筆部分出頭出來，也可以如圖 D 不出頭。

(二) 例字說明

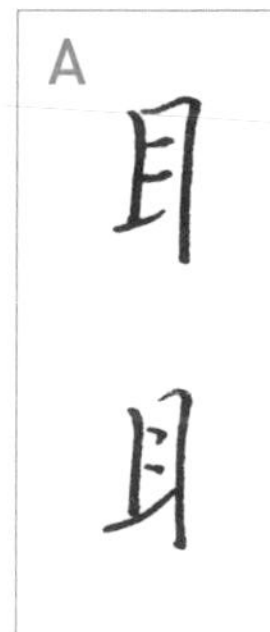
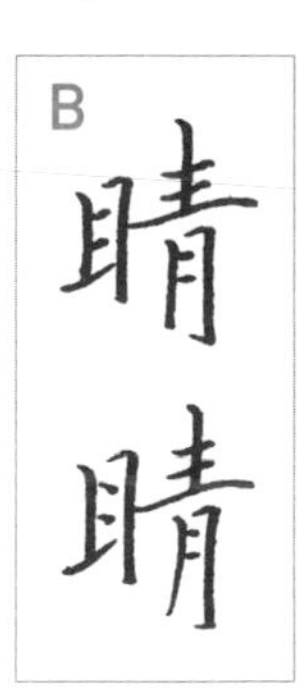
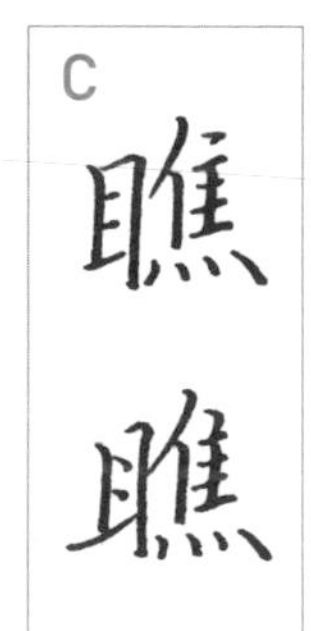

目部首的字，由於「目」本身裡面已有兩個橫畫，當右邊字旁也有多個橫畫時，目可有兩種呈現方式。如圖 A 所示，第一個目裡面的兩橫，以標準的橫畫呈現；第二個目裡頭的兩橫，改為以兩個點畫來呈現，增添活潑靈動之態。圖 B 的「睛」與圖 C 的「瞧」，第一個都是以橫畫呈現，而第二個是以點畫呈現。

睛瞬眼眨睡瞄睜睦

睛瞬眼眨睡瞄睜睦

眉省盲眷瞥直相盹

眉省盲眷瞥直相盹

睛瞬眼眨睡瞄睜睦眉省盲眷瞥直

示部

寫法示範

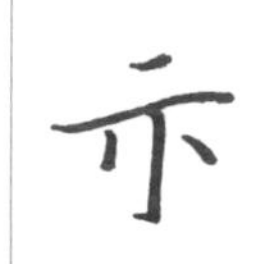

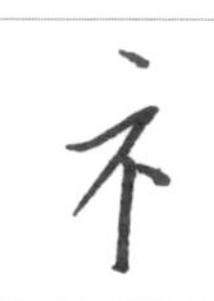

(一) 寫法說明

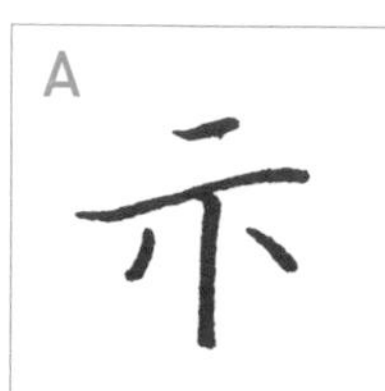

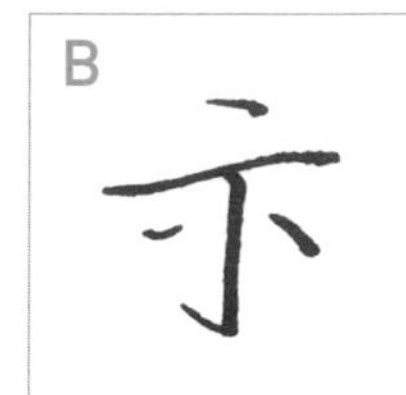

1

示部下面的豎畫，書寫時可以如圖 A，末端不鉤起，呈現穩重的感覺，也可如圖 B，豎畫的末端鉤起，流露活潑的感覺。

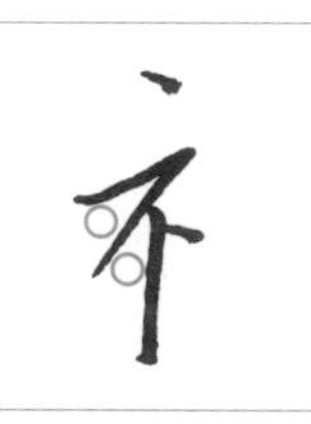

2

示部橫、撇、豎三畫之間，這三個間距相等，則視覺上很舒服，所以關鍵在撇畫書寫時，角度大約是 45°。

(二) 例字說明

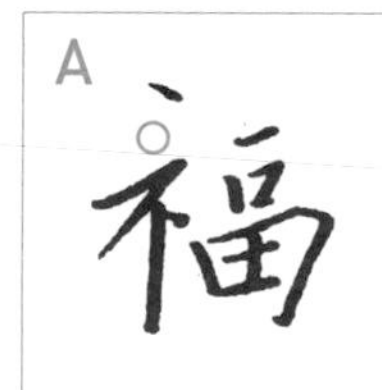

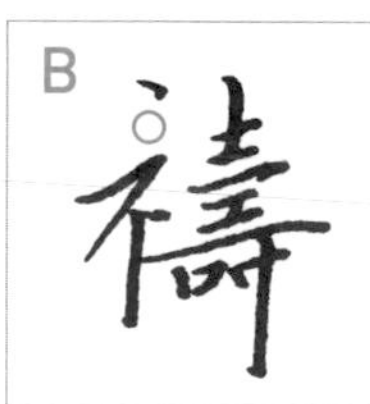

1

示部首的點畫，可以提高一些，跟下面的部分留有一點間距，產生格局開闊的美感。

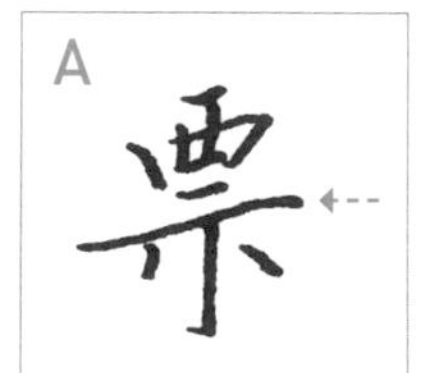

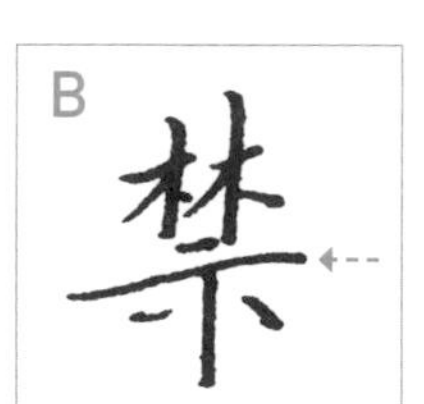

2

示部的第二橫通常可以做為全字的主要筆畫，因此寬度是全字最寬的部分。

祂祚票祟祭禍福視

祂祚票祟祭禍福視

禧祀祁衬祉祐稟禁

禧祀祁衬祉祐稟禁

祂祚
票祟
祭禍
福視
禧祀
祁衬
祐稟

糸部

書寫示範

寫法示範

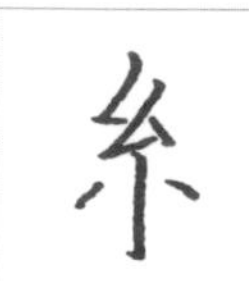

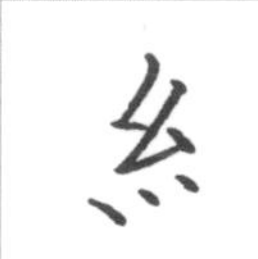

(一) 寫法說明

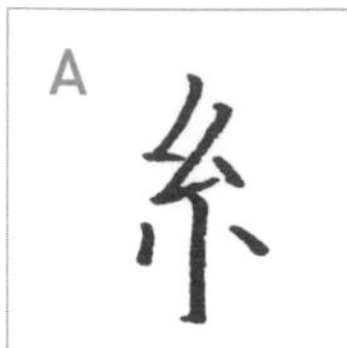

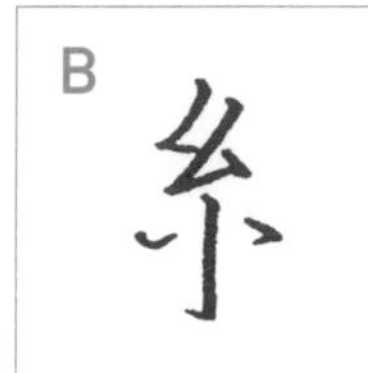

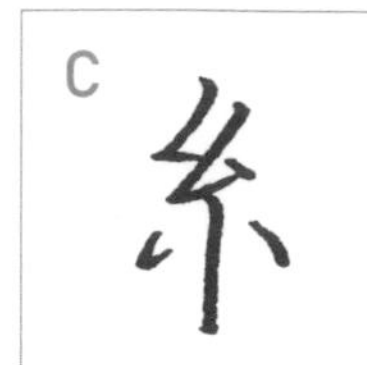

1 糸部首兩側的兩個點畫，有許多種的呈現方式。如圖 A 是以標準的左點跟右點來呈現，而圖 B 是以較活潑的挑點跟撇點來呈現。圖 C 是以左挑點跟右點來呈現。

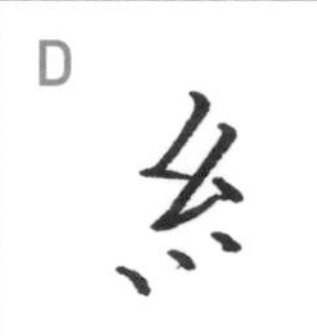

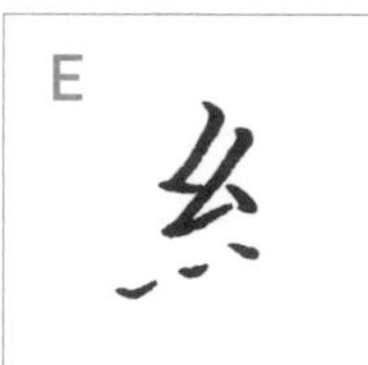

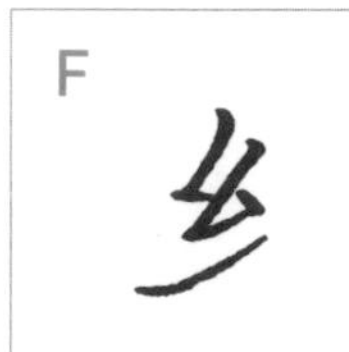

2 糸部首下面的三個點畫，有許多不同的呈現方式。比如像圖 D 所示，是以三個由大至小的右點呈現，而圖 E 是以兩個挑點及一個右點呈現。圖 F 則是帶入行書筆意，以一個挑畫來呈現。

(二) 例字說明

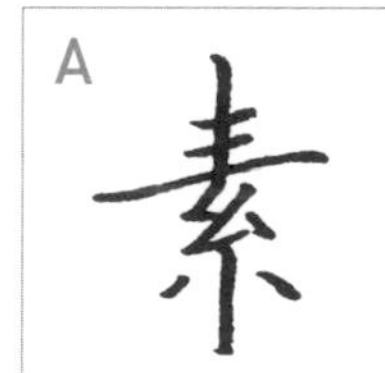

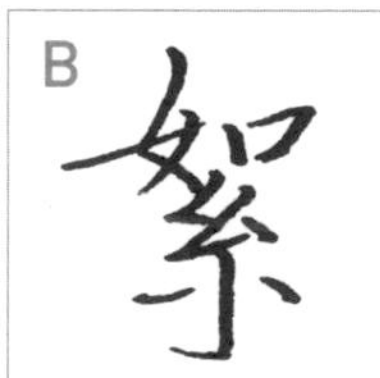

1 當糸部首寫在全字下方時，通常會寫得較寬，以達到支撐全字的作用。如圖 A 的素字及圖 B 的絮字，都是這樣的示範。

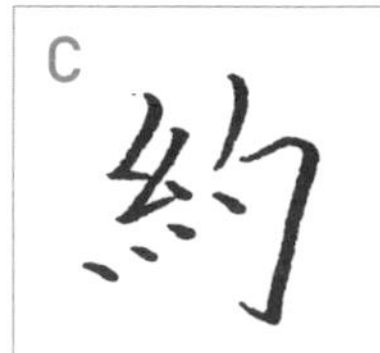

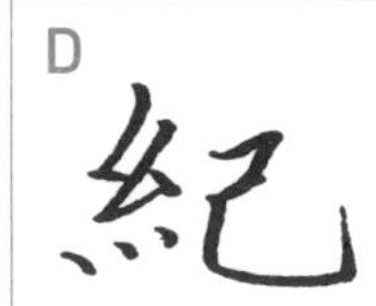

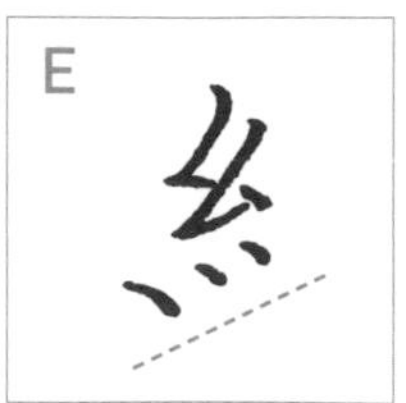

2 糸部首位於全字左側做為偏旁時，如圖 E 所示，其下面的三個點畫的排列，通常會向右上傾斜。而圖 C 的「約」及圖 D 的「紀」，都是這樣的示範。

糸	糾	紀	紂	約	索	結	絮
糸	糾	紀	紂	約	索	結	絮

糸 糾

紀 紂

約 索

結 絮

艸部

書寫示範

寫法示範

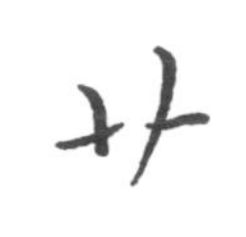

(一) 寫法說明

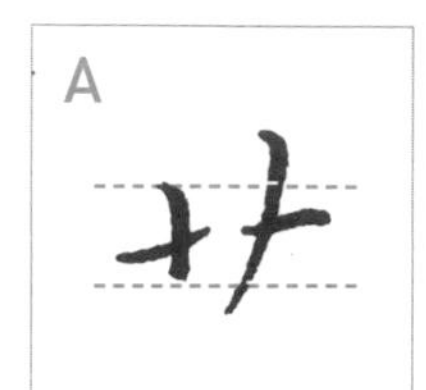

1

艸部首的左右兩邊書寫時，可以展現層次感，如圖 A 所示，左邊較短，右邊較長。

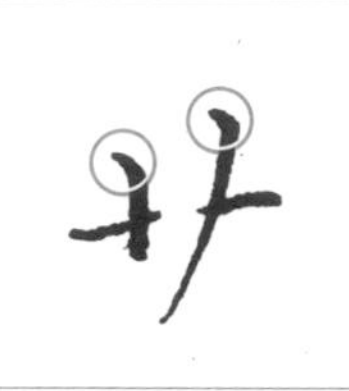

2

艸部的左豎跟右撇，若有起筆，則看起來更具質感。

● NG寫法

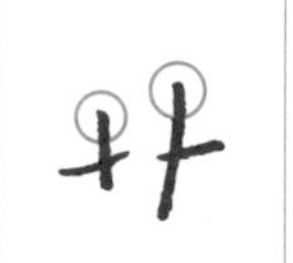

當起筆未表現出來時，看起來比較死板。

(二) 例字說明

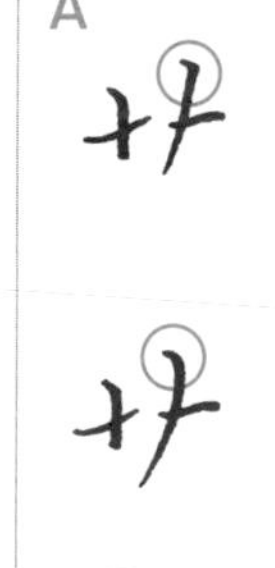

B 花 花

C 荷 荷

1

艸部首右邊的撇畫，可以如圖 A 的第一個「艸」，是直而俐落的呈現，也可以如第二個艸，是弧狀靈動的呈現。
圖 B 的「花」與圖 C 的「荷」，第一個都是直的寫法，第二個則是弧狀的寫法。

茉 業 萬

2

艸部首除了一般寫法，還可以有許多變化，左圖即列舉出三種寫法，及在字中的應用。

華 菇
葉 萬
著 萌
蔓 蔡
薄 薛
薪 蔗
蔬 茶

華菇葉萬著萌蔓蔡
華菇葉萬著萌蔓蔡

薄薛薪蔗蔬茶莫菲
薄薛薪蔗蔬茶莫菲

虫部

書寫示範

寫法示範

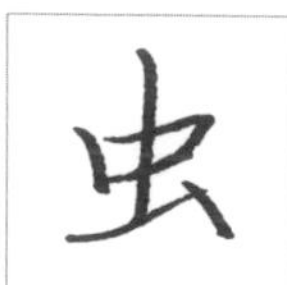

(一) 寫法說明

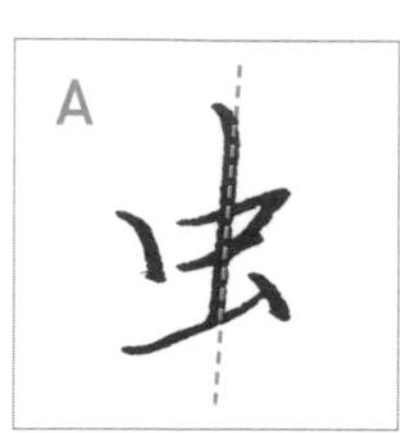

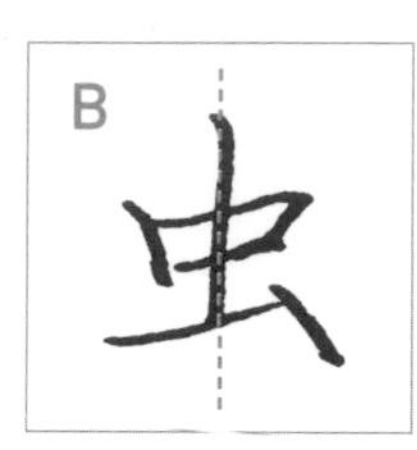

虫部首中間的那筆豎畫，書寫時可以如圖 A 偏向右側，也可如圖 B 位於中軸線，端看如何運用。

(二) 例字說明

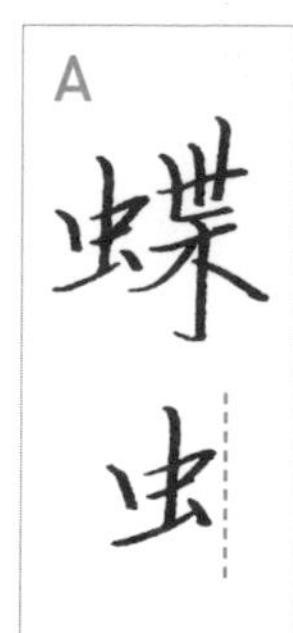

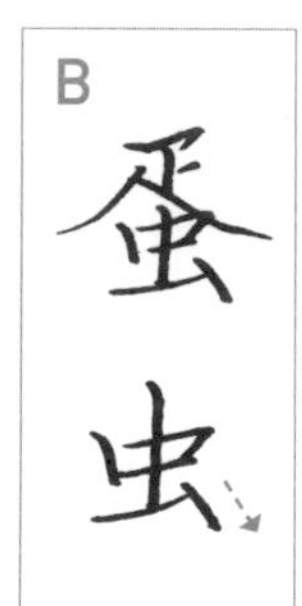

當虫部首位於全字左側時，其最後一筆的點畫，如圖 A 所示，會寫得較短，將空間讓給右邊的字旁。而當虫部首位於全字下方時，其最後一筆的點畫，如圖 B 所示，會寫得較長，產生一種平衡全字，展現氣勢的作用。

蚊	蚯	蝴	蝶	蚱	蜢	蛟	蟬
蚊	蚯	蝴	蝶	蚱	蜢	蛟	蟬

蚊	蚯
蝴	蝶
蚱	蜢
蛟	蟬

衣部

寫法示範

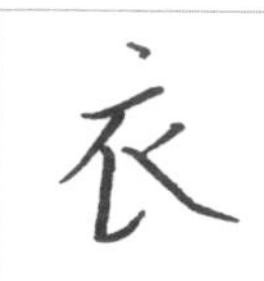

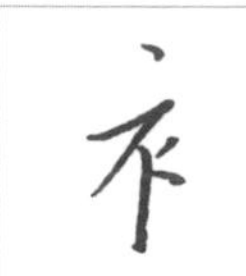

書寫示範

(一) 寫法說明

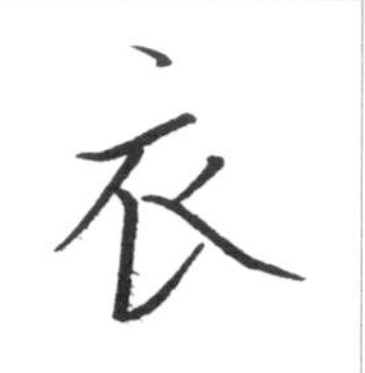

1

衣部首的橫畫，書寫時可以如左圖，有往右上斜的斜度，則整體看起來更有氣勢。

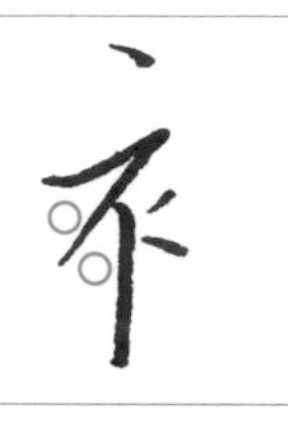

2

位於左邊的衣部首，如左圖所示，其撇畫的斜度大約 45° ，則書寫起來，撇畫上下的兩個間距會均等，視覺上很平衡。

(二) 例字說明

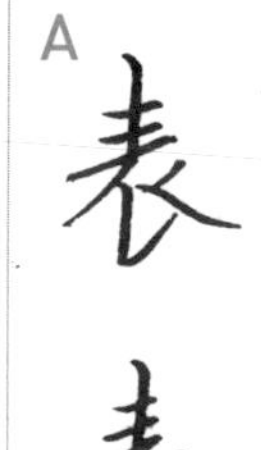

1

衣部首位於全字下方時，最後一筆，可以用捺畫呈現，也可以用帶有弧度的長點呈現。如圖 A 的「表」，以及圖 B 的「衰」，第一個都是用捺畫呈現，第二個是用帶有弧度的長點呈現。

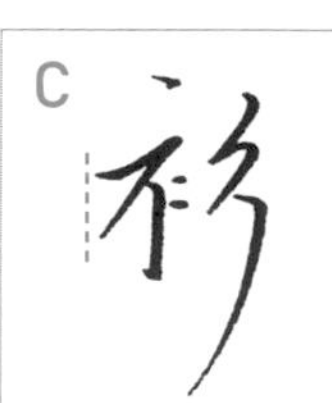

2

衣部首位於全字左方時，其橫畫跟撇畫，可如圖 C 的衫字，長度相等位於同一個垂直線上，也可如圖 D 的裡字，撇畫長於橫畫。

衣衫表衩衰衲襯裡
衣衫表衩衰衲襯裡

衣衫
表衩
衰衲
襯裡

言部

寫法示範

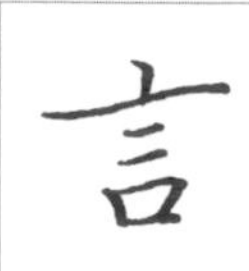

(一) 寫法說明

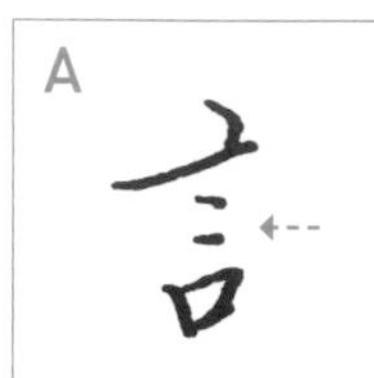

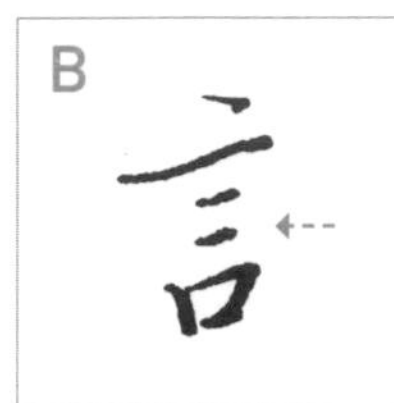

1

言部首之中的兩個橫畫，可以如圖 A，改為以兩個點畫的方式呈現；也可以如圖 B，以兩個一般的橫畫呈現。

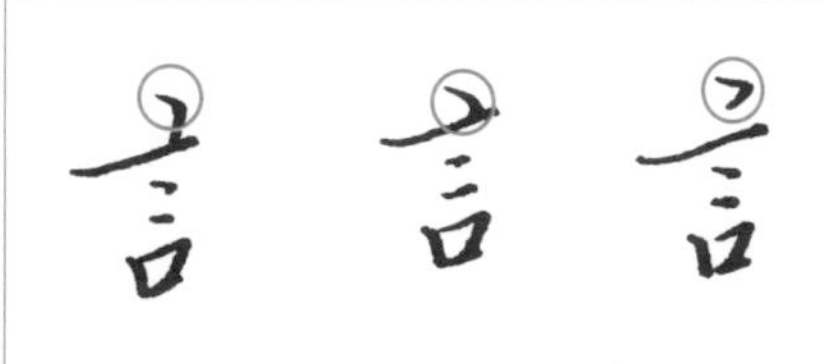

2

言部首上方的點畫，可以用不同的點來呈現，增添字的豐富性。

(二) 例字說明

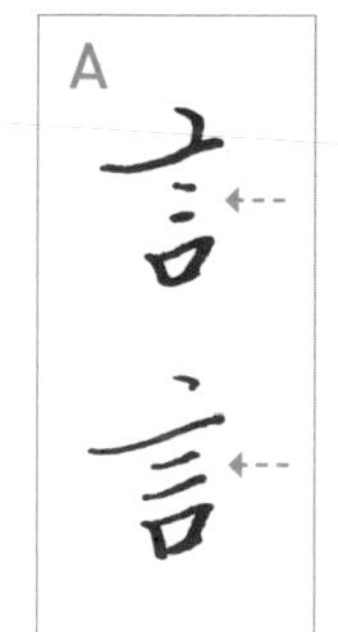

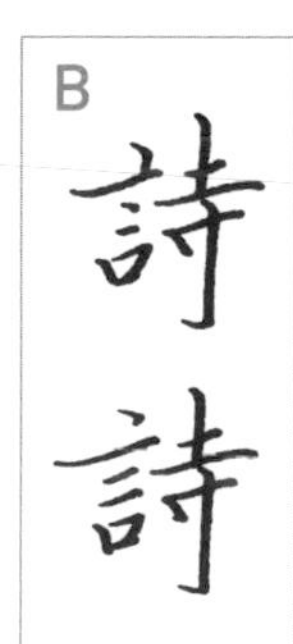

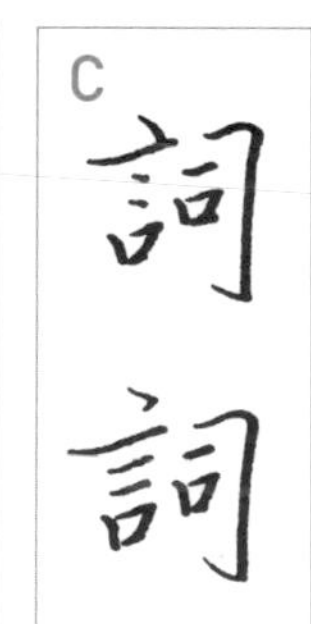

言部首中間的兩個橫畫，書寫時可寬可窄，如圖 A 的第一個「言」，兩橫是窄的寫法，第二個「言」的橫畫是寬的寫法。
圖 B 的「詩」及圖 C 的「詞」字，第一個字的言部首都是用窄的寫法，而第二個字的言部，則是用寬的寫法。

論請
談調
誼諍
認識
語誣
詞詢
試詩

論請談調誼諍認識

論請談調誼諍認識

誌語誣詞詢試詩評

誌語誣詞詢試詩評

詠 討 記 誦 訟 訂 許 註

詠 討 記 誦 訟 訂 許 註

誰 課 誤 誨 諒 諂 諜 諦

誰 課 誤 誨 諒 諂 諜 諦

詠 討
記 誦
許 註
誰 課
誤 誨
諒 諂
諜 諦

訾譽
詛訶
詁詆
詈詔
評詬
詮誊
詡試

訪診訾譽詛訶詁詆
訪診訾譽詛訶詁詆

詈詔評詬詮誊詡試
詈詔評詬詮誊詡試

豕部

寫法示範

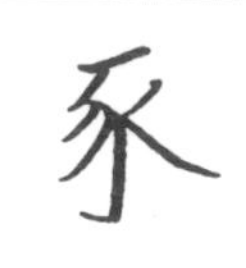

(一) 寫法說明

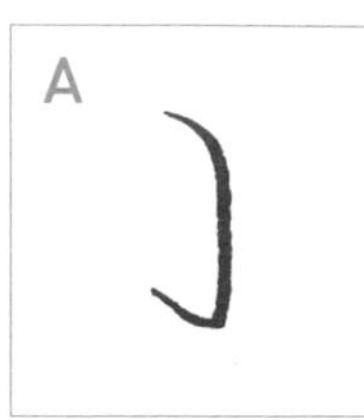

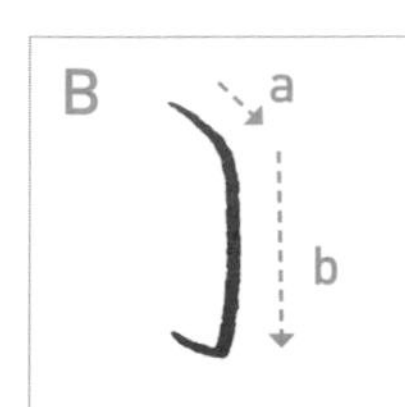

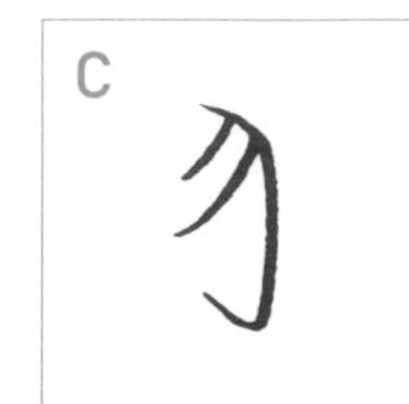

（1）豕部的彎鉤書寫時，其形如圖 A，力道由輕而重，然後鉤出去。
（2）運筆角度如圖 B 分為兩段，a 段較短，b 段較長。應注意轉彎處圓轉自然，避免生硬折角。
（3）如圖 C 所示，a 段剛好容納了左邊的撇。

(二) 例字說明

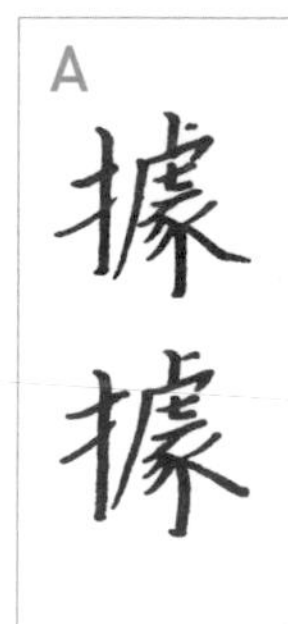

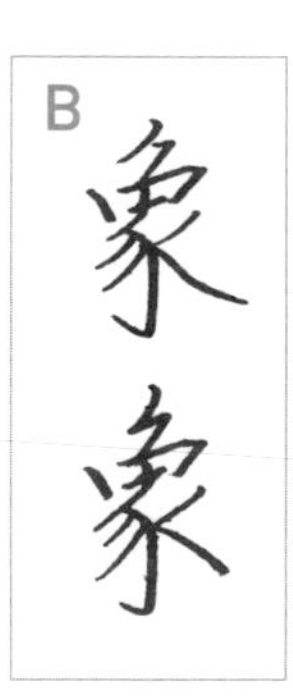

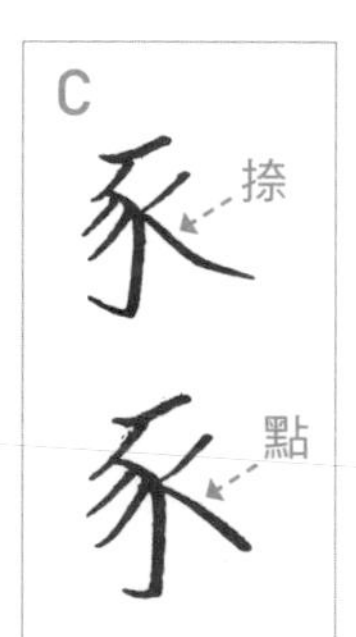

1

如圖 C 所示，豕部的右邊最後一畫，可以寫作捺，也可寫成略有弧度的長點。圖 A 的「據」字，與圖 B 的「象」字，第一個字即是使用捺，第二字則是使用長點，營造不同的風格。

E F G

2

豕部開頭的橫與撇，如圖 D，可以分開書寫，亦可連筆書寫，完整樣貌即如圖 E 所示。圖 F 的「家」與圖 G 的「隊」，亦是分別示範分開與連筆的兩種寫法。

豕 豚
象 豢
豪 豫
豬 豶

豕 豚 象 豢 豪 豫 豬 豶

豕 豚 象 豢 豪 豫 豬 豶

走部

寫法示範

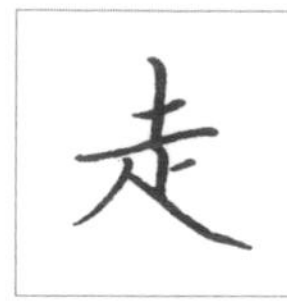

(一) 寫法說明

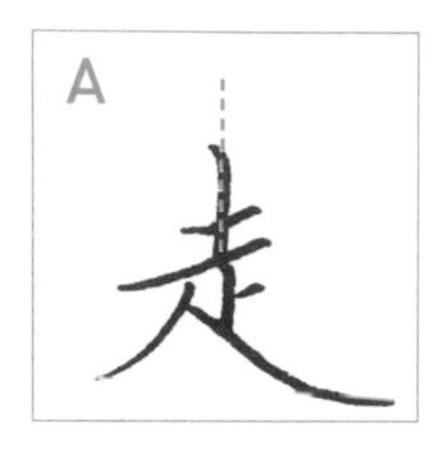

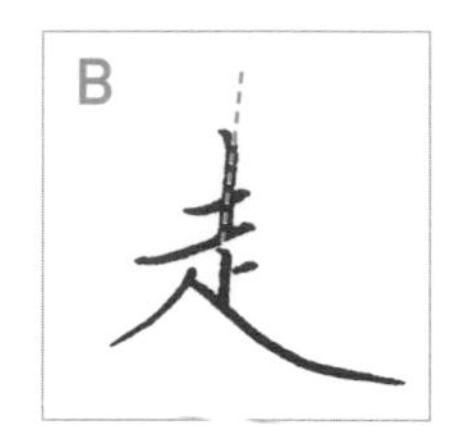

1

走部首上面的土的豎畫，可以如圖 A 位於中軸，也可如圖 B 偏向右側一點點，營造不同的美感。

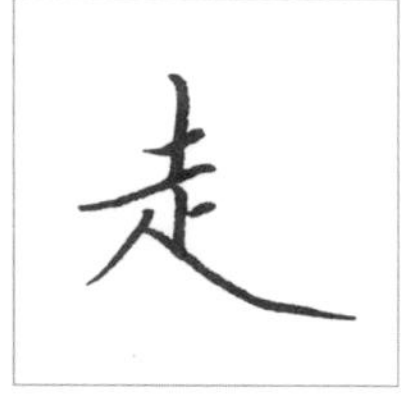

2

如左圖所示，走部首的三個間距，書寫時應留意均等，視覺上更為美觀。

(二) 例字說明

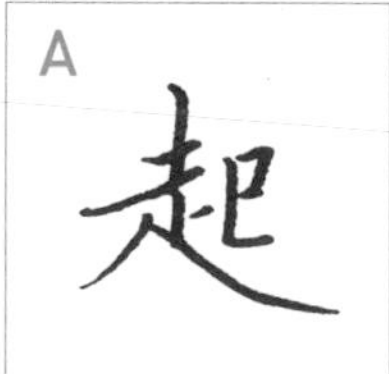

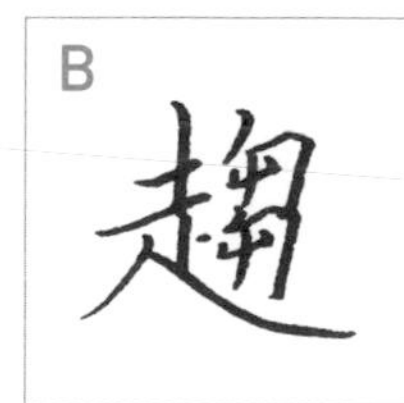

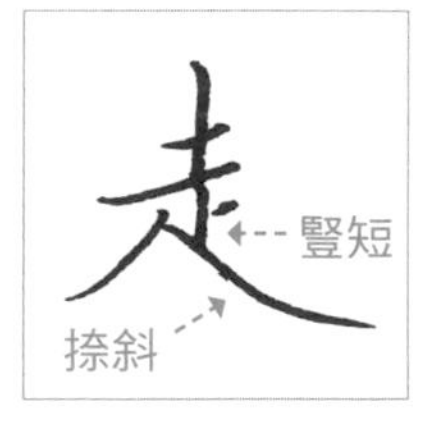

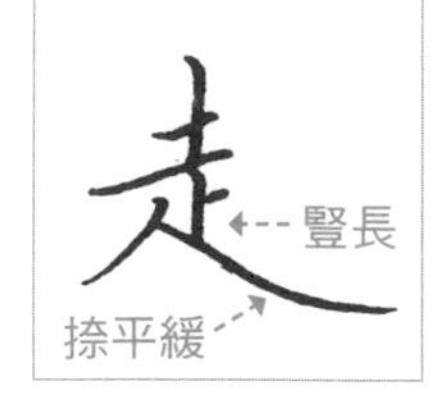

走部首大多數的字，其右邊都會跟一個字旁組合，通常如若右邊的字旁本身字形較短，走在書寫時就可以如圖 A 的「起」字，其豎畫可以稍短，從而捺畫的斜度就會較斜，跟字旁的搭配就剛好。而如若右邊的字旁比較長，如圖 B 的「趨」，其豎畫可以稍長，從而捺畫的斜度就會較平緩，跟字旁的搭配就剛好，可以容納得下而不會侷促。

超 起 趨 越 趕 趙 趟 趣

超 起 趨 越 趕 趙 趟 趣

超 起
趨 越
趕 趙
趟 趣

足部

寫法示範

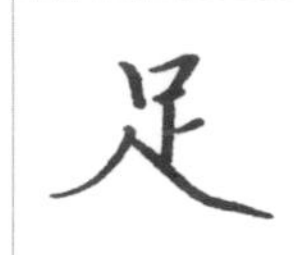

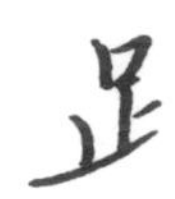

(一) 寫法說明

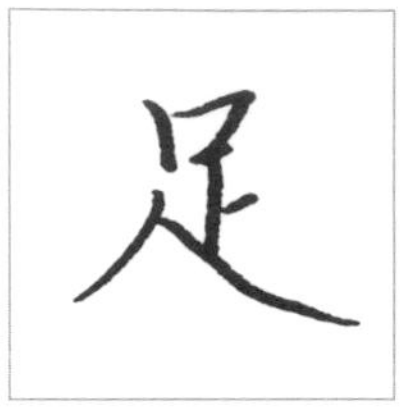

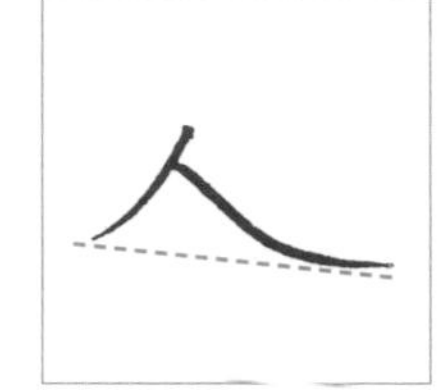

1

足部首的最後一筆捺畫，其下緣約與左邊的撇畫下緣齊平，形成的態勢類似溜滑梯的側視圖。

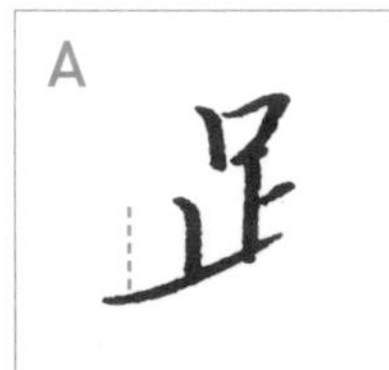

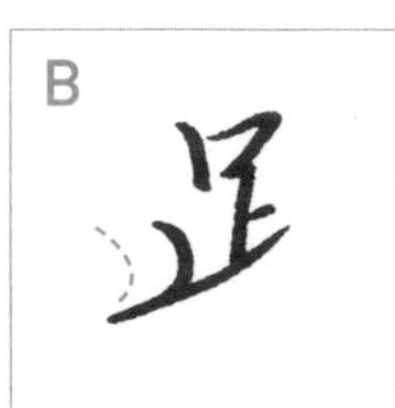

2

足部首左下的豎畫，書寫時可如圖 A 是筆直的，也可如圖 B 帶有內彎的弧度。

(二) 例字說明

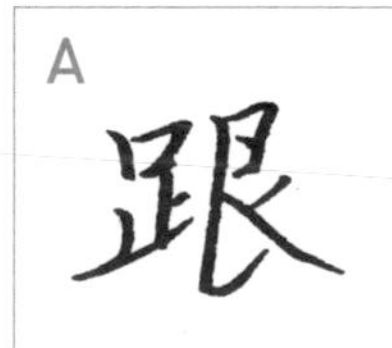

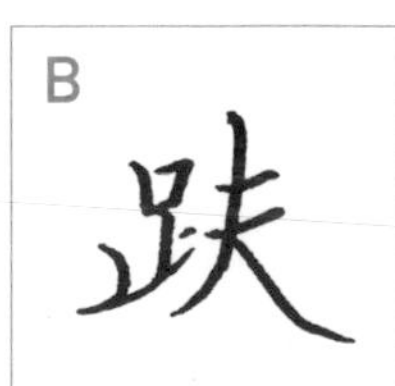

1

足部首上面的口，可以如圖 A 的跟字，以比較寬扁長方的形狀表現。也可如圖 B 的趺字，以比較瘦窄而正方的形狀表現。

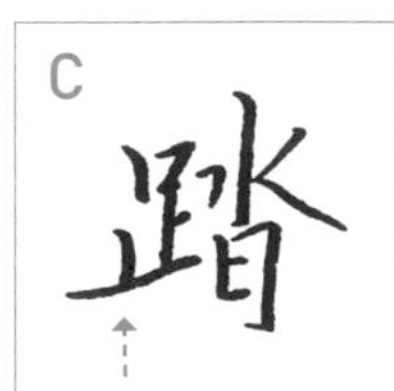

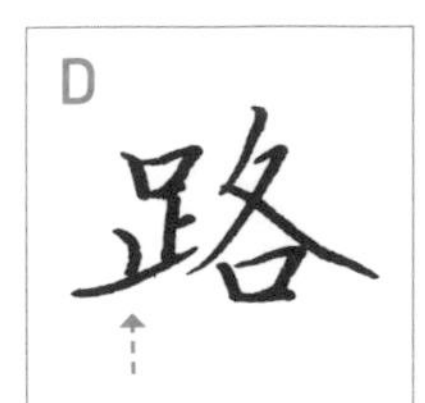

2

足部首下面的最後一畫，可以如圖 C 的踏字，採用微斜的橫畫來表現。也可如圖 D 的路字，採用往上，由重到輕的挑畫。

足趴趺趾跋跏跚跛

足趴趺趾跋跏跚跛

足趴趺趾跋跏跚跛

距跗跆跋趸跤跟跡

距跗跆跋趸跤跟跡

距跗跆跋趸跤跟跡

車部

寫法示範

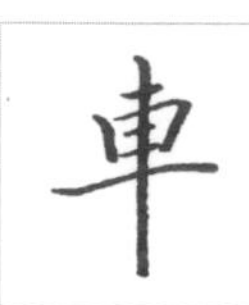

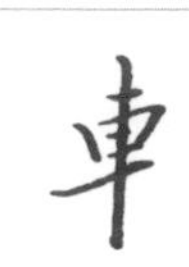

(一) 寫法說明

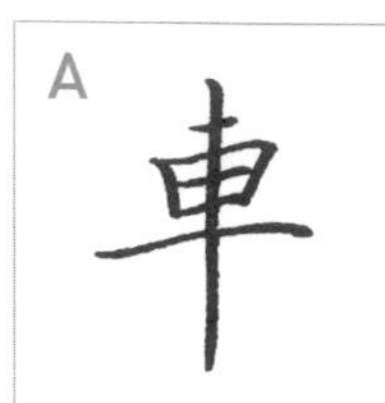

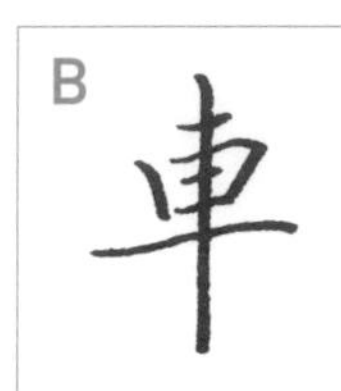

1

車中間的「曰」，書寫時橫畫與豎畫，可如圖 A 彼此完全接實，呈現穩重之感，也可如圖 B 留有間隙，呈現比較靈動的感覺。

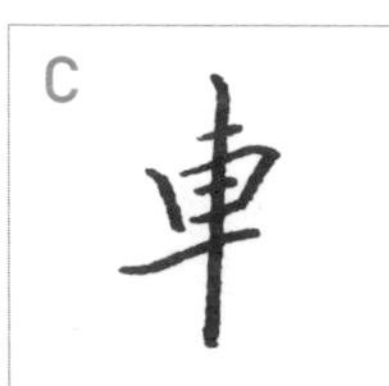

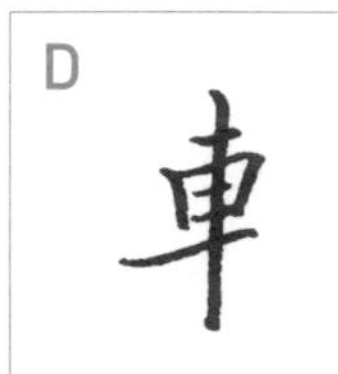

2

在字的左側的車部首書寫時，其中間的「曰」，可如圖 C 寫得較寬呈長方形，也可如圖 D 寫得較窄呈正方形。

(二) 例字說明

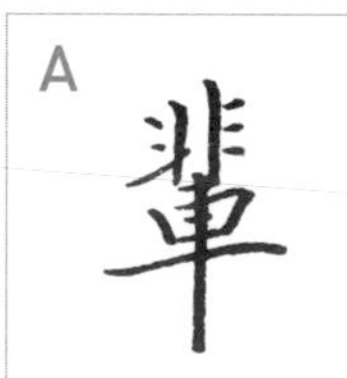

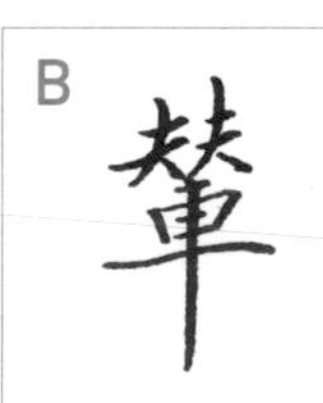

1

當車部首位於全字下方時，其曰的部分可寫得較為寬扁，產生一種穩固如地基的作用。如左圖 A 的輩字，以及圖 B 的輦字，即是寫得較寬扁的示範。

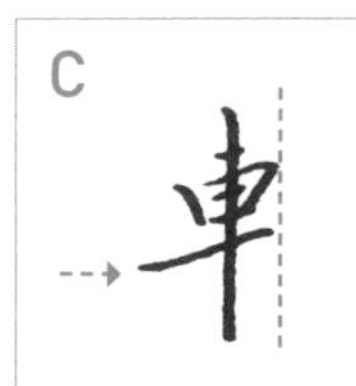

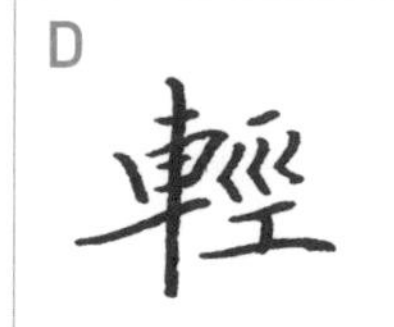

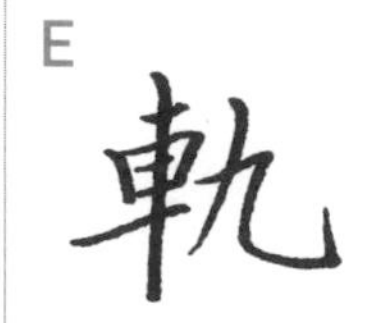

2 當車部首位於全字左方時，如圖 C 所示，下方的長橫的右邊會較短，大約與上方曰的右側切齊，將空間讓給右邊的字旁。圖 D 的輕字和圖 E 的軌字，都是這樣的示範。

車軌軍軒軟軾載輕

車軌軍軒軟軾載輕

輒輟輪輩輦輸輯輻

輒輟輪輩輦輸輯輻

車軌
軍軒
軟軾
輒輟
輪輩
輦輸
輯輻

辵部

寫法示範

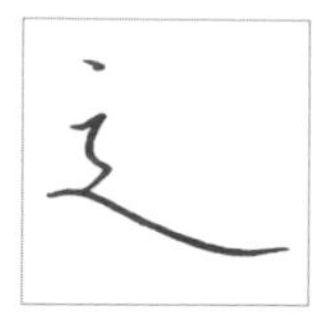

(一) 寫法說明

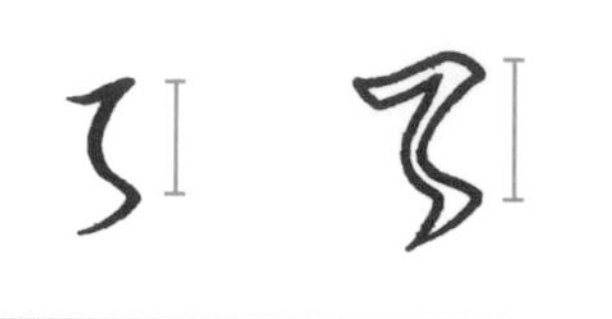

1

在書法中，圖中的藍線標出的這段筆畫行筆力道是重→輕→重，由於中心點放到最輕，轉折點便會靈動柔美。

● NG寫法

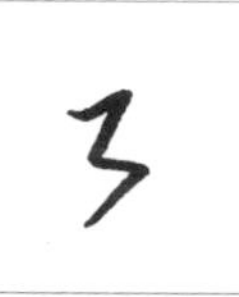

書寫時力道均一，所以顯得生硬不自然。

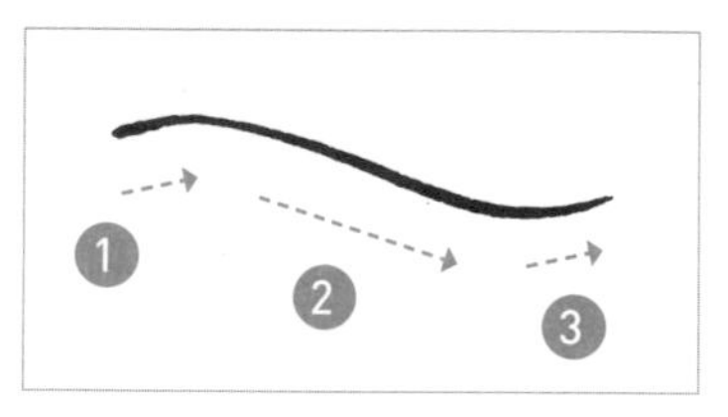

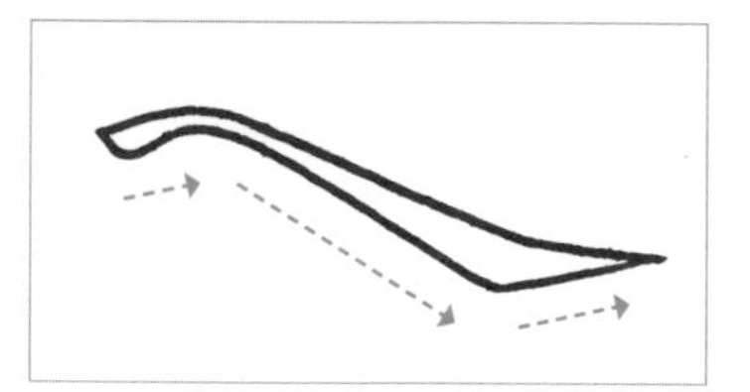

2 平捺在書法中以「一波三折」展現美感。

❶ 這段行筆是重→輕；❷這段行筆如一般斜捺，由輕→重；❸這段行筆是重→輕，即書法中所謂出鋒，尾端放到最輕，產生飄逸之美。

(二) 例字說明

＊辵部首在搭配右半偏旁時，大體可分為兩種類型，善加掌握便能展現協調美。

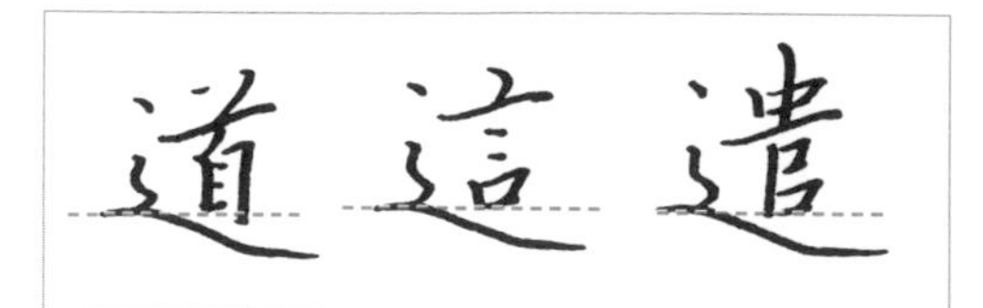

1 圖中三字其右半偏旁的下緣都是平的，所以辶部「乙」的下緣，也就是最後撇的末端，高度與右半偏旁底部切齊即可。如此當辶的平捺寫完，與右半偏旁底緣的間隔便會剛好。

● NG寫法

A 道 這 遣

B 道 這 遣

圖 A 圖 B 這兩組字，因為「ㄋ」的尾端高度未安排適當。
圖 A 組拉太低，導致平捺寫完後，與右半偏旁底緣間隔過大，造成空洞感。
圖 B 組則太高，以致平捺書寫時，易與右半偏旁下緣打架，造成侷促和歪斜之態。

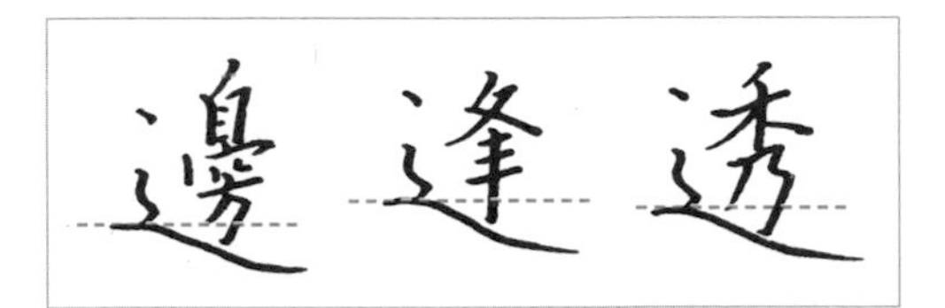

2 圖中這三字，其右半偏旁的下緣是向下延伸的，所以辶部「ㄋ」的下緣，最後那撇的末端，會比右半偏旁的底部高點，如此當寫辶的平捺時，其斜勢便會與右半偏旁底緣斜度呈完美的呼應。

● NG寫法

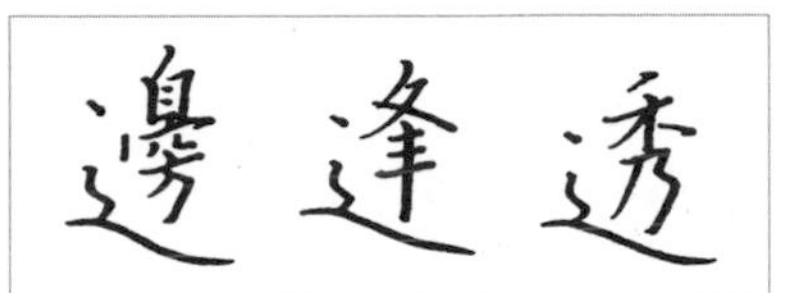

圖中的三個字，因為「ㄋ」的最後那撇末端與右半偏旁的底緣切齊，所以當辶部的平捺寫完，與右半偏旁底緣的間隔過於空洞美感不足。

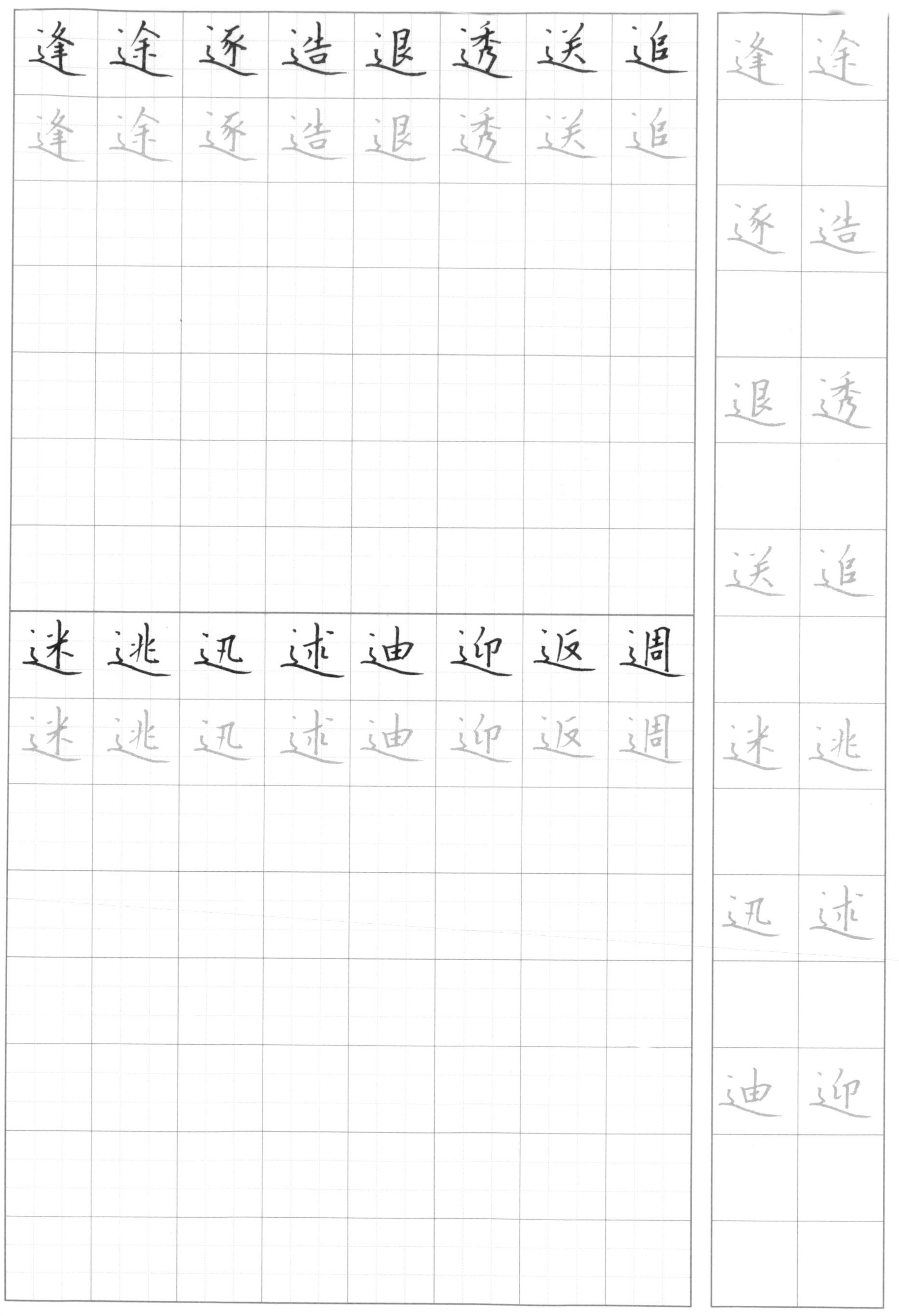
逢途逐造退透送追
迷逃迅述迪迎返週

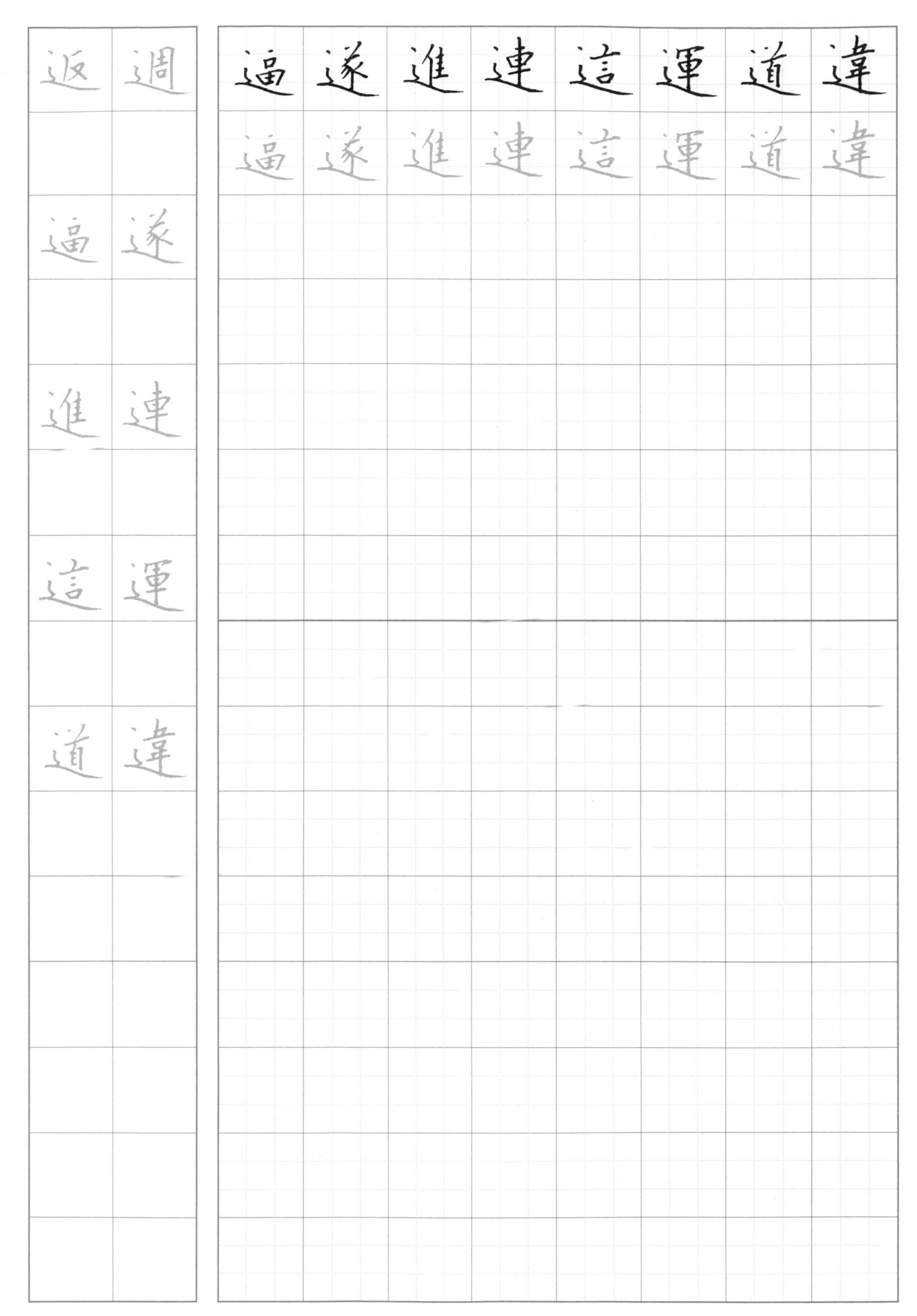
返 週
逼 遂
進 連
這 運
道 違
逼 遂 進 連 這 運 道 違
逼 遂 進 連 這 運 道 違

金部

寫法示範

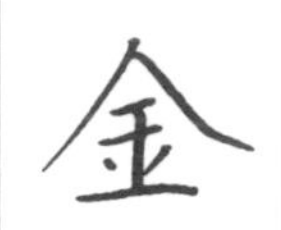

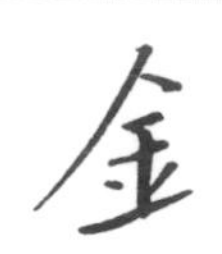

(一) 寫法說明

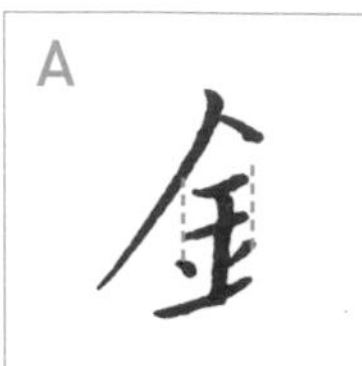

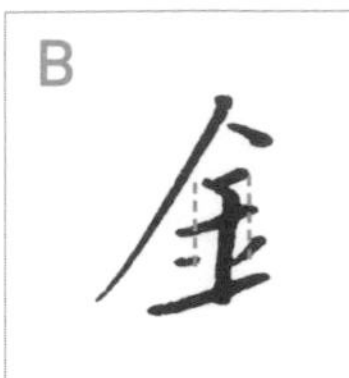

1

金部首之間的兩個橫畫，可以如圖 A 兩橫等長，也可如圖 B 上短下長。

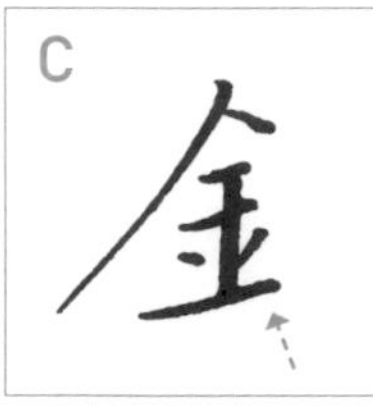

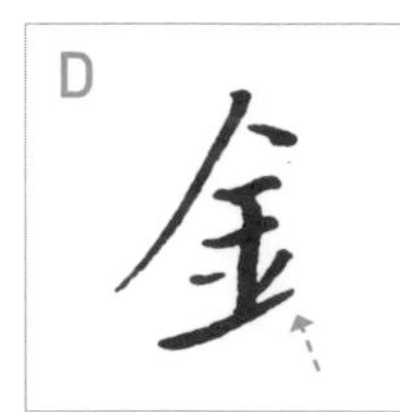

2

金部首最下面的橫畫，可以如圖 C 用橫畫表現，也可如圖 D 用挑畫來表現。

(二) 例字說明

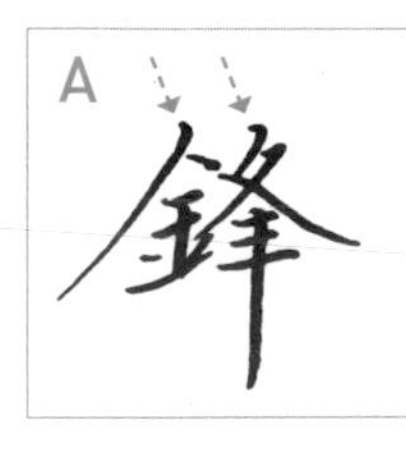

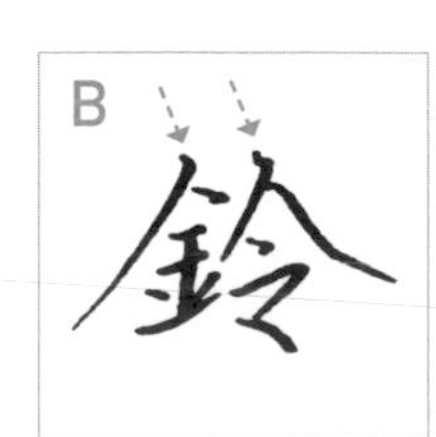

1

金部首的第一筆撇畫，書寫時若有個起頭，則更能呈現活潑靈逸之勢。如圖 A 的「鋒」，其「金」部的第一撇以及右邊字旁「夆」的第一撇，都有起筆。而圖 B 的「鈴」，其「金」部第一撇以及「令」的第一撇都有起筆，則整體便有勁美之態。

2

金部首的第一撇可以如圖 C 及圖 D 所示，第一個「銀」及「鋼」字，其第一撇都比較延展出去，也可如第二個「銀」和「鋼」字，其金部的第一撇較內斂，與最下方的挑畫同寬。

針	釣
釘	欽
鈍	鈎
鈔	鈦
鉞	鉦
鈾	鈿
鉛	鈴

針	釣	釘	欽	鈍	鈎	鈔	鈦
針	釣	釘	欽	鈍	鈎	鈔	鈦

鉞	鉦	鈾	鈿	鉛	鈴	鈸	鉻
鉞	鉦	鈾	鈿	鉛	鈴	鈸	鉻

衒銀鉤銃銅銑銓銖

衒銀鉤銃銅銑銓銖

銘鋁鉾鋒鋤鋪鋭鋰

銘鋁鉾鋒鋤鋪鋭鋰

衒銀
鉤銃
銅銑
銓銖
鉾鋒
鋤鋪
鋭鋰

鐘鎮鉤錦鎖鑽錯鍋

鐘鎮鉤錦鎖鑽錯鍋

鍊鍍鑑鑄鑰鑼鑾鑿

鍊鍍鑑鑄鑰鑼鑾鑿

鐘鎮
鉤錦
鎖鑽
鍊鍍
鑑鑄
鑰鑼
鑾鑿

阜部

寫法示範

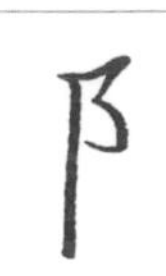

(一)寫法說明

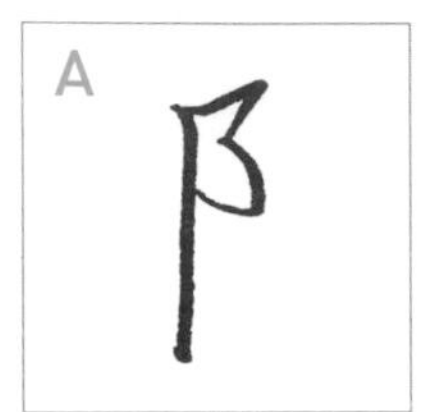

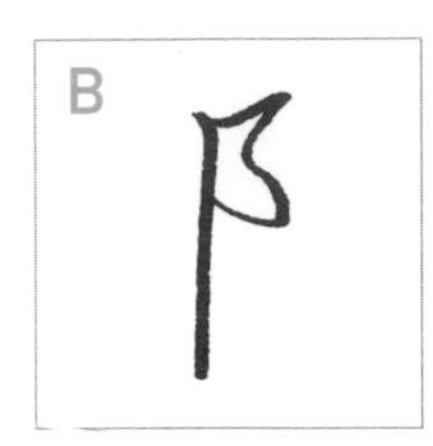

1

阜部首的橫折撇跟彎鉤(像耳朵的部分)書寫時，可以如圖 A 分開成兩筆書寫，也可以如圖 B 帶入一點行書的筆意，連筆書寫，產生靈動的美感。

(二)例字說明

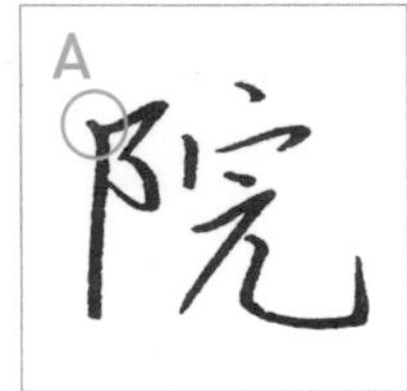

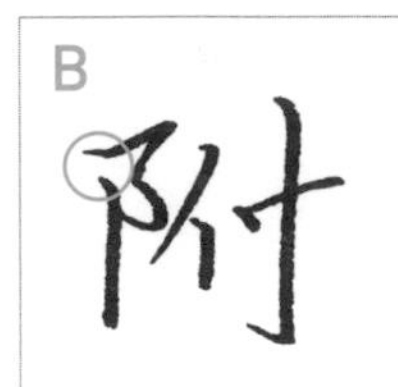

2

阜部首的橫折撇跟左邊那個豎畫，可以如圖 A 是連接起來的，也可如圖 B 分開一點留有間隙，兩種寫法產生的感覺都不同。

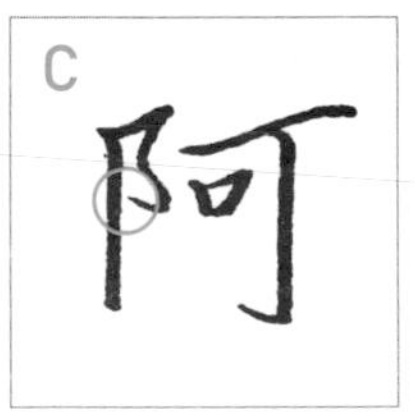

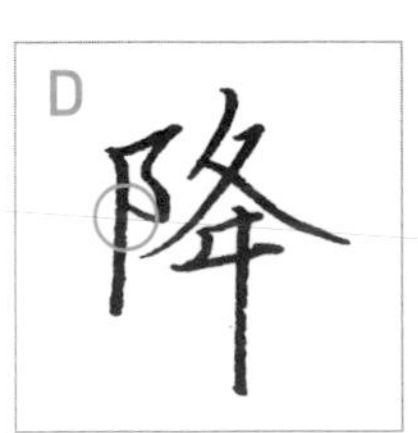

1

阜部首的彎鉤，可以如圖 C 的「阿」，與豎畫分開一點留有間隙，也可如圖 D 的「降」鉤得較長，與豎畫室連接起來的。

降	防
阻	阿
陀	附
陋	院

降	防	阻	阿	陀	附	陋	院
降	防	阻	阿	陀	附	陋	院

雨部

寫法示範

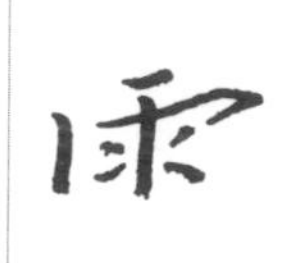

（一）寫法說明

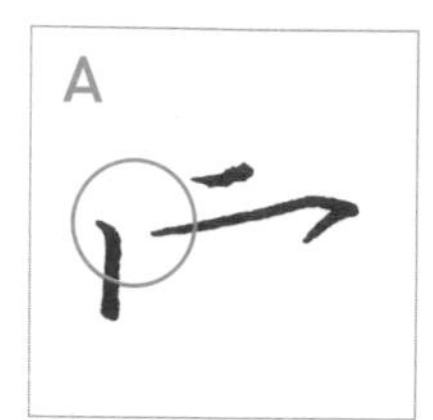

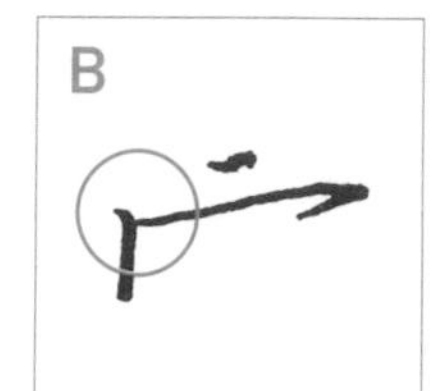

1

雨部左邊的點畫與橫折鉤，可以如圖 A 不完全接實，留有間隔，也可以如圖 B，完全接實。

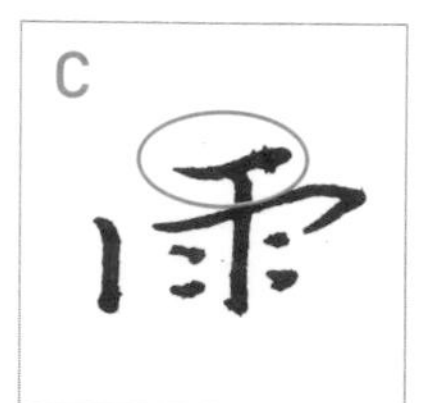

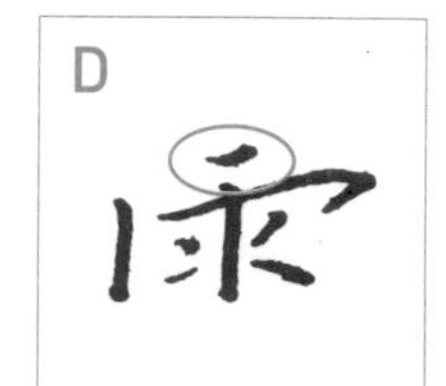

2

雨部上面的橫畫，可如圖 C 寫較長，也可如圖 D 寫得較短。

（二）例字說明

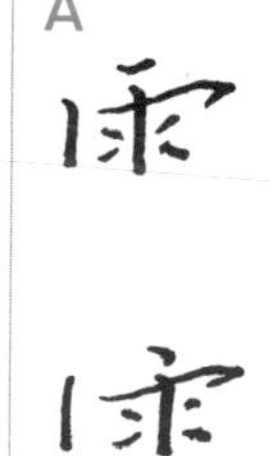

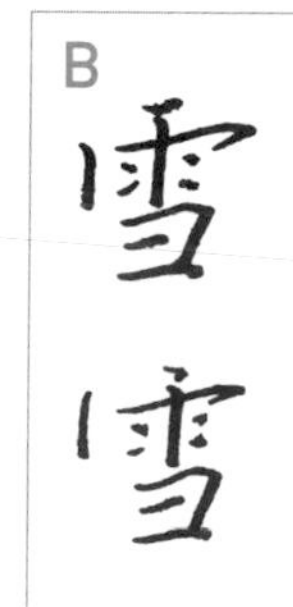

C

1

雨部首中間的豎畫，書寫時可以偏左或偏右，如圖 A 的第一個雨即是偏左，而第二個是偏右的。圖 B 的「雪」與圖 C 的「雲」，兩者的第一個字，其雨部的豎畫都是偏左的，使雨右邊有延展感，而兩者的第二個字，其雨部的豎畫都是偏右的，讓左有延長感。

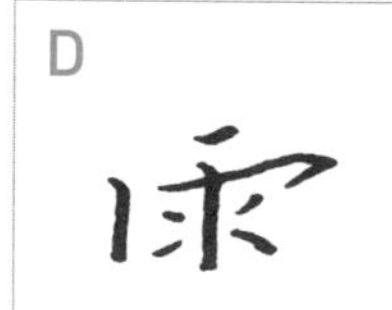

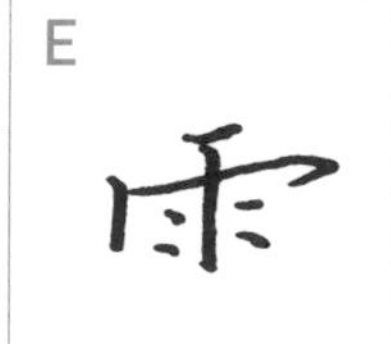

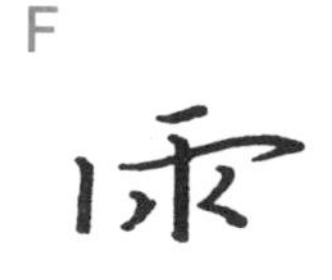

2

雨部裡面的四個點，可以有不同寫法來表現。圖 D 是最基本的寫法，而圖 E 是以不同角度跟大小的點畫來展現，圖 F 是帶有行書的筆意來書寫。

雪雷雷需雲露零霞

雪雷電需雲露零霞

霈霉霍霎霏霑霓霜

霈霉霍霎霏霑霓霜

雪雷
電需
雲露
零霞
霈霉
霍霎
霑霓

風部

寫法示範

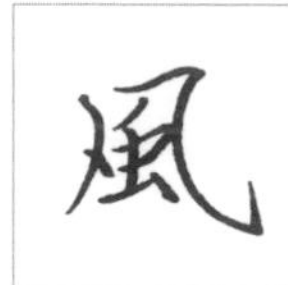

(一) 寫法說明

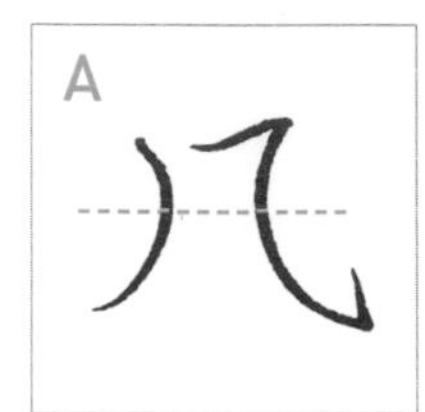

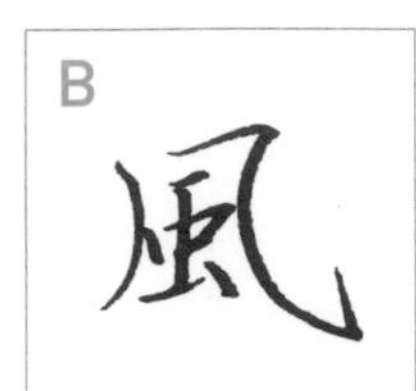

風部首左邊的撇畫，以及右邊的弧鉤，如圖 A 所示，其最彎進來的地方，大約位於全字一半之處，寫到一半即應往外開展出去。帶到字裡即如圖 B 的風字，如此其中間的部分就會有空間容納。

● NG寫法

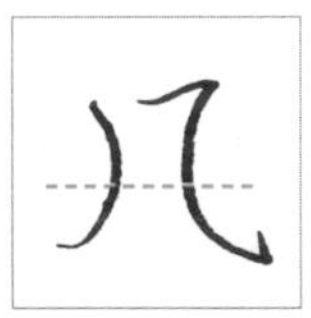

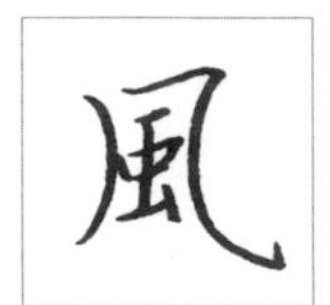

由於左邊的撇畫，以及右邊的弧鉤，最彎進來之處偏在中心線下方，造成中間部分沒有足夠空間容納，並有頭寬足窄之感。

(二) 例字說明

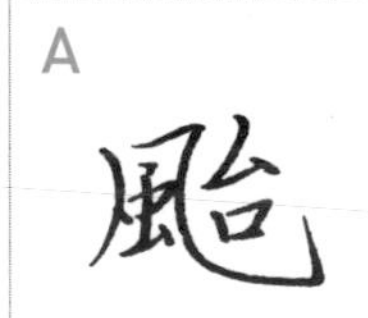

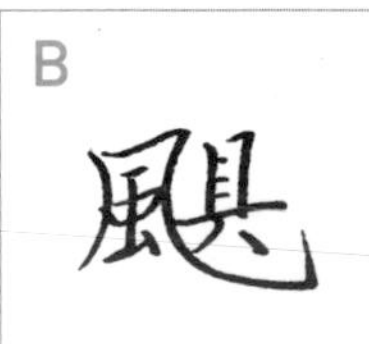

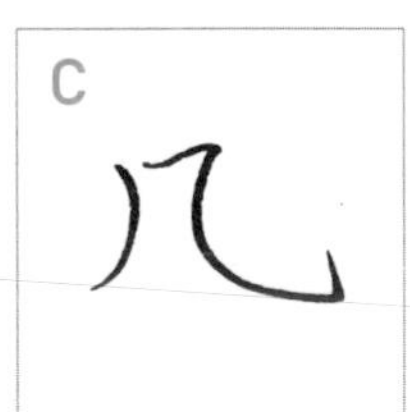

當風部首右邊有加上字旁時，其弧鉤的下緣會拉長以容納字旁，如圖 C 所示，並且鉤要向上鉤，避免過於向內鉤，以保有容納的空間。

風颯颱飄飆颼颶颩

風颯颱飄飆颼颶颩

風颯

颱飄

飆颼

颶颩

馬部

寫法示範

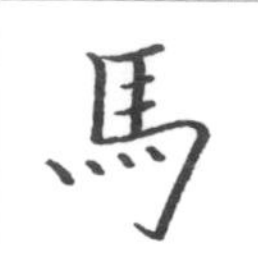

(一) 寫法說明

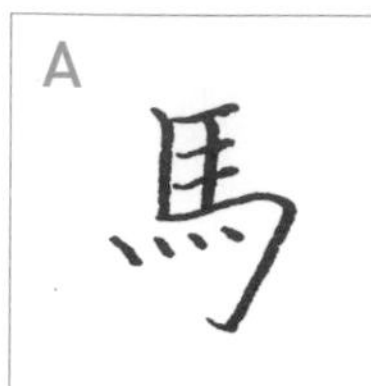

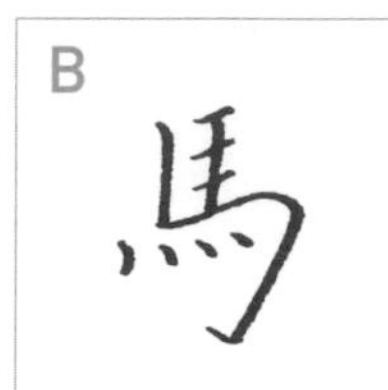

1

馬部首的三個橫畫，書寫時可如圖 A，完全與左邊的豎畫接實，也可如圖 B 不接實，各自有不同的姿態。

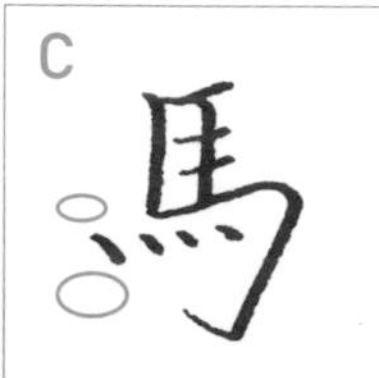

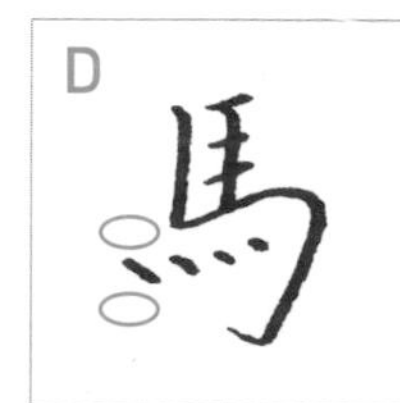

2

馬部首下面的四個點，書寫時如圖 C，較往上靠，下面留空較多；也可以如圖 D，寫在中間，上下留空均等。

(二) 例字說明

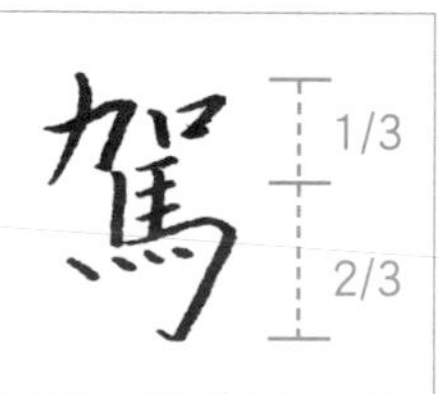

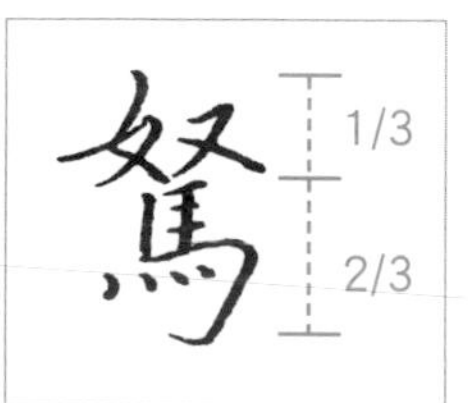

1

馬部首在全字下方時，會寫得較一般單獨寫時扁一點，從長度看，約佔 2/3 的長度。

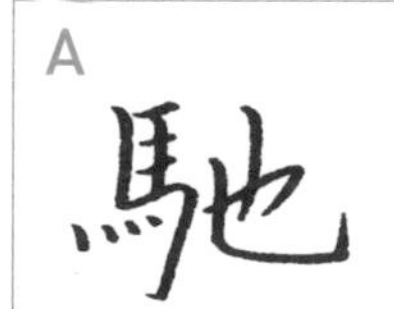

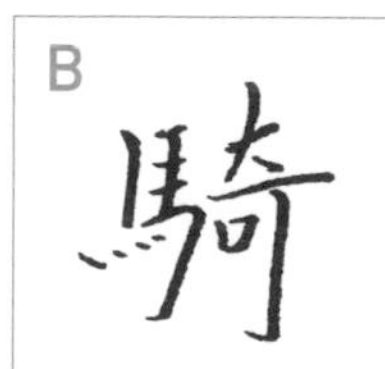

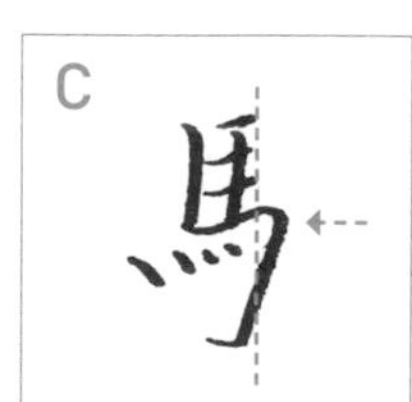

2 馬部首在全字左邊時，由於要讓出空間給右邊字旁，如圖 C，其橫折鉤不會寫得像單獨書寫時寬，約超過上面三橫寬度一點。

馬	馭
馮	馴
馳	馱
駐	駝
駑	駕
驛	駛
駟	駙

馬 馭 馮 馴 馳 馱 駐 駝

馬 馭 馮 馴 馳 馱 駐 駝

駑 駕 驛 駛 駟 駙 駒 驍

駑 駕 驛 駛 駟 駙 駒 驍

魚部

寫法示範

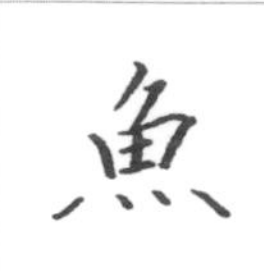

(一) 寫法說明

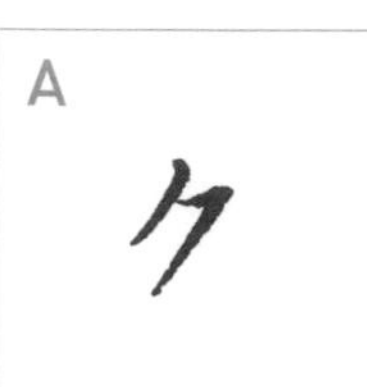
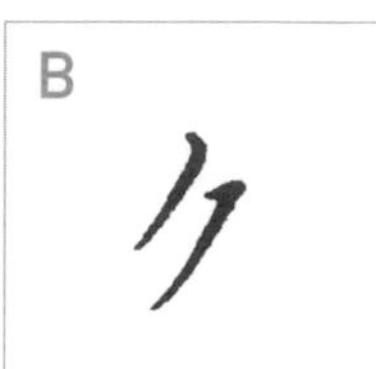
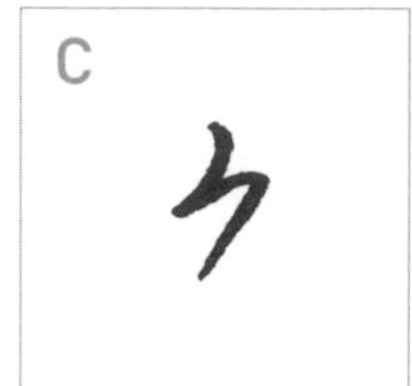

1

魚部首上方的「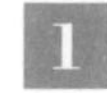」，有不同的表現方式，如圖 A～C，舉出三種供讀者參考。

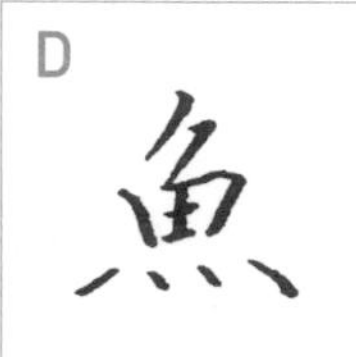
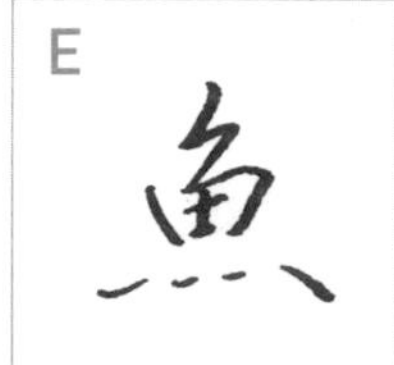
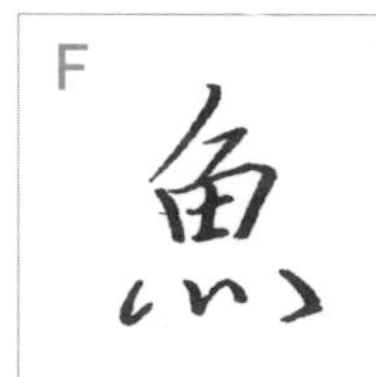

2 魚部首下方的四點，可以用不同形式的點畫來搭配，圖 D 是最常見的基本形式，圖 E 的「」，要注意右邊挑起來部分是重到輕，末端形成尖端。
圖 F 的「」及「」，也都要留意挑起來的部分，要放輕形成尖端，而「」透過兩點之間相連映帶的部分，行筆要快而輕，才會柔美生動。

(二) 例字說明

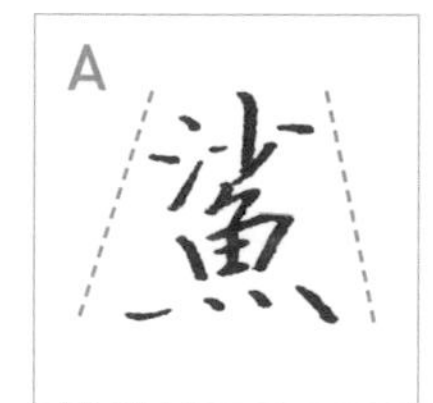
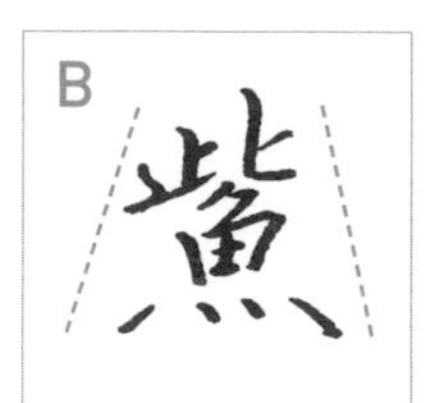

1

魚部首在全字下方時，將下面四個點寫得比上面部分寬，則如建立穩固地基，視覺上產生四平八穩的美感。

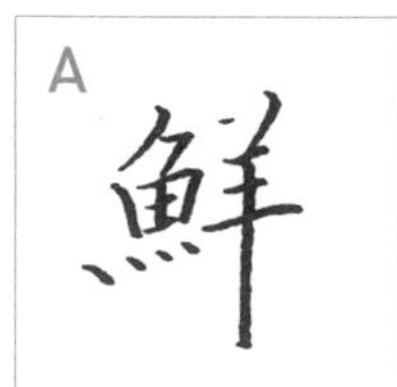
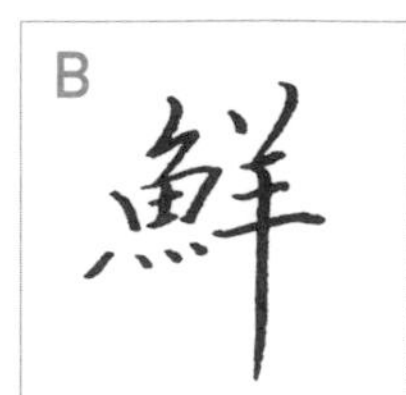
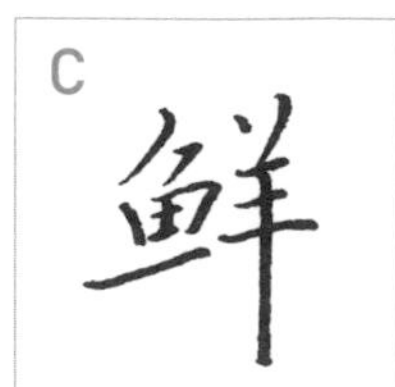

2

魚部首在字的左方時，其下面的四點，通常由大而小排列，並且最右邊的點不會拉長，將空間留給右邊的字旁。這四點一樣有不同的表現方式，圖 A～C 舉出三種供讀者參考。

魚	魯	鮫	鮭	鮮	鯊	鯽	鯤
魚	魯	鮫	鮭	鮮	鯊	鯽	鯤

魚	魯
鮫	鮭
鮮	鯊
鯽	鯤

紅藕香殘玉簟秋
輕解羅裳獨上蘭舟
雲中誰寄錦書來
雁字回時月滿西樓
花自飄零水自流
一種相思兩處閒愁
此情無計可消除
才下眉頭卻上心頭

——一剪梅　郭仕鵬書

作品集

作品集

1

春有百花秋有月
夏有涼風冬有雪
若無閒事掛心頭
便是人間好時節

——無門關　郭仕鵬書

2

長亭外　古道邊　芳草碧連天

晚風拂柳笛聲残　夕陽山外山

天之涯　地之角　知交半零落

一瓢濁酒盡餘歡　今宵別夢寒

— 送別　　郭仕鵬書

作品集 3

東風夜放花千樹　更吹落星如雨

寶馬雕車香滿路　鳳簫聲動

玉壺光轉　一夜魚龍舞

蛾兒雪柳黃金縷　笑語盈盈暗香去

眾裡尋他千百度　驀然回首

那人卻在　燈火闌珊處

—— 青玉案　　郭仕鵬書

4

用我三生煙火
換你一世迷離
為你塵埃落定
傾覆一世繁華

郭仕鵬書

作品集

5

有一次，我們夢見大家都是不相識的

我們醒了，卻知道我們原來是相親相愛的

——泰戈爾　　郭仕鵬書

6

滾滾長江東逝水　浪花淘盡英雄

是非成敗轉頭空

青山依舊在　幾度夕陽紅

白髮漁樵江渚上　慣看秋月春風

一壺濁酒喜相逢

古今多少事　都付笑談中

—— 臨江仙　　郭仕鵬書

書寫示範

7

一沙一世界
一花一天堂
掌中握無限
剎那現永恆

—布萊克

郭仕鵬手書

8

紅藕香残玉簟秋
輕解羅裳　獨上蘭舟
雲中誰寄錦書來
雁字回時　月滿西樓
花自飄零水自流
一種相思　兩處閒愁
此情無計可消除
才下眉頭　卻上心頭

——一剪梅　郭仕鵬書

書寫示範

Lifestyle 51

氣質系硬筆 1000 字帖

國家圖書館出版品預行編目

氣質系硬筆1000字帖
郭仕鵬 著；——初版——
臺北市：朱雀文化，2018.07
面；公分——（Lifestyle；51）
ISBN 978-986-96214-8-9（平裝）
1.習字範本

943.9　　107009724

作者｜郭仕鵬
美術設計｜許維玲
編輯｜劉曉甄
行銷｜石欣平
企畫統籌｜李橘
總編輯｜莫少閒
出版者｜朱雀文化事業有限公司
地址｜台北市基隆路二段 13-1 號 3 樓
電話｜ 02-2345-3868
傳真｜ 02-2345-3828
劃撥帳號｜ 19234566　朱雀文化事業有限公司
e-mail ｜ redbook@ms26.hinet.net
網址｜ http://redbook.com.tw
總經銷｜大和書報圖書股份有限公司 (02)8990-2588
ISBN ｜ 978-986-96214-8-9
初版十九刷｜ 2024.09
定價｜ 280 元

出版登記｜北市業字第 1403 號

NOTE BOOK

桃

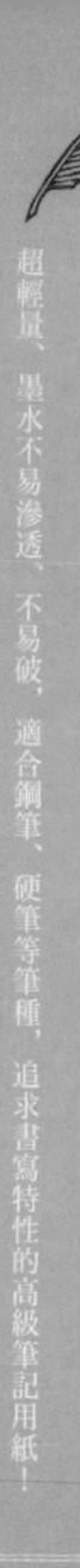

用紙　日本進口手帳用巴川紙（Tomoe River）基重 68gsm、米色
朱雀 1-2 號筆記本　64pages、8.5×12cm

NOTE BOOK

橄欖

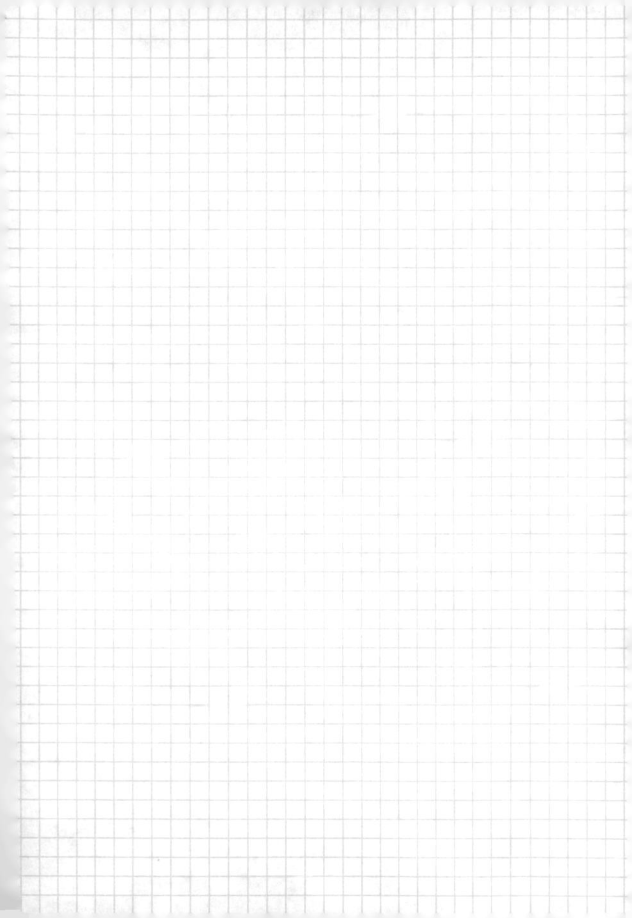

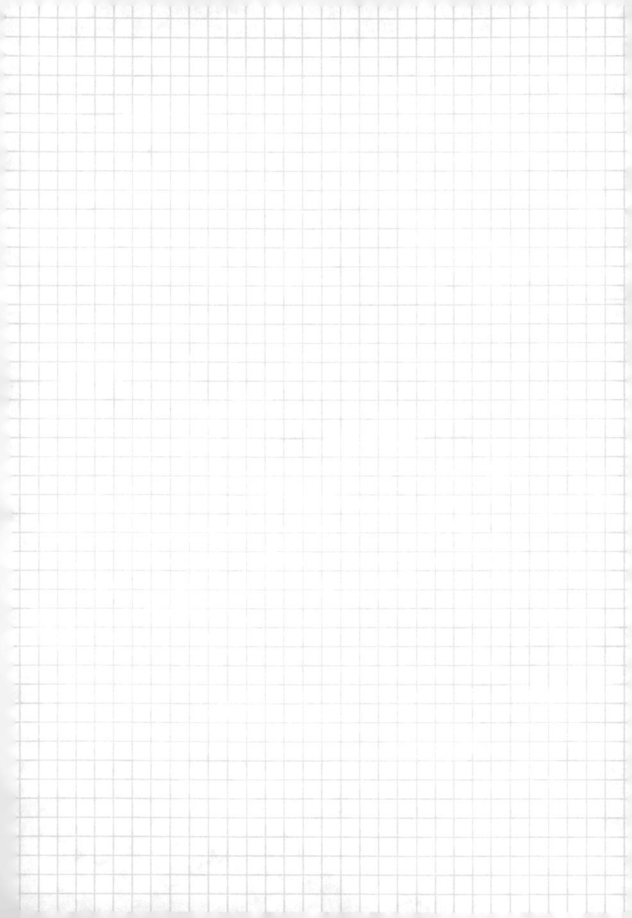

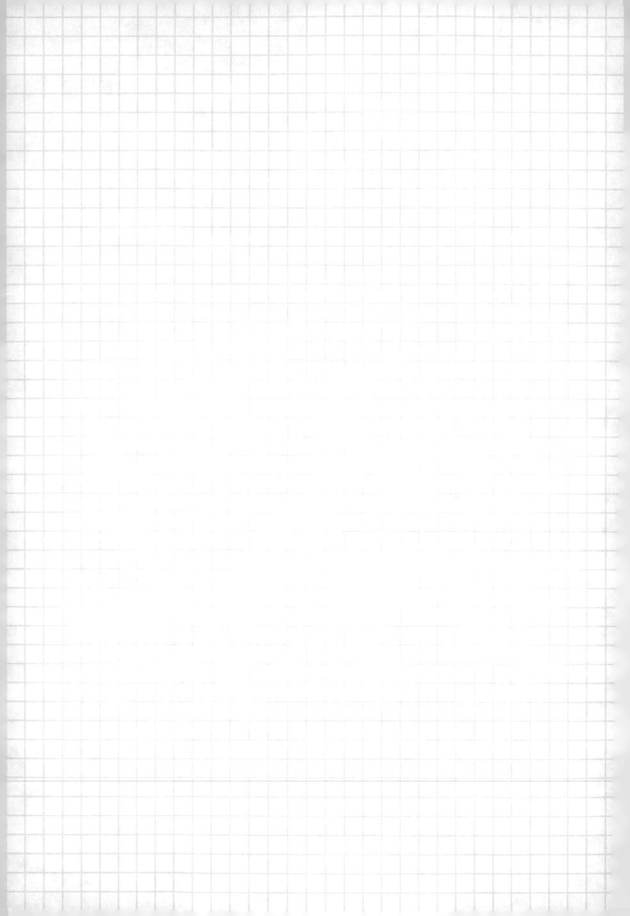

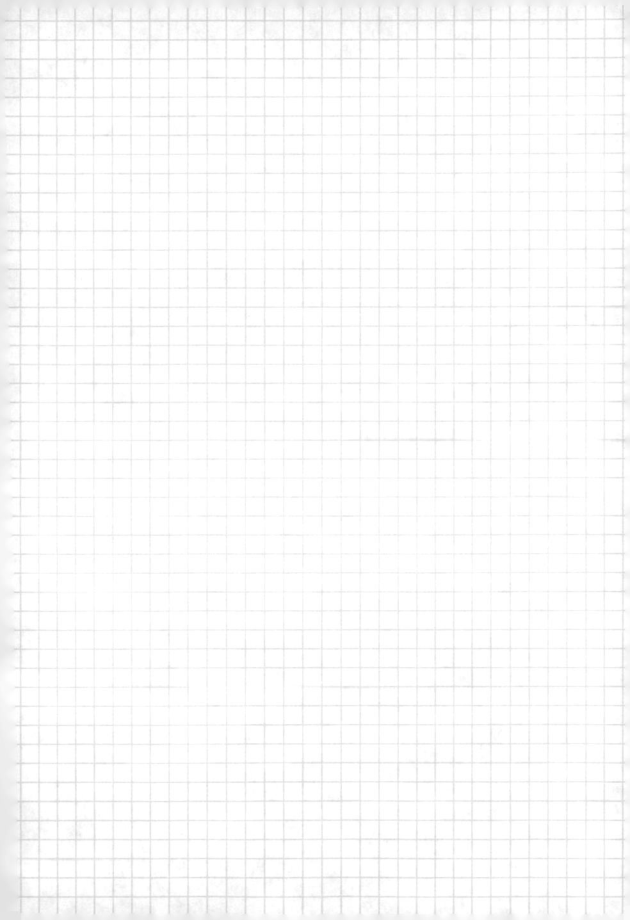

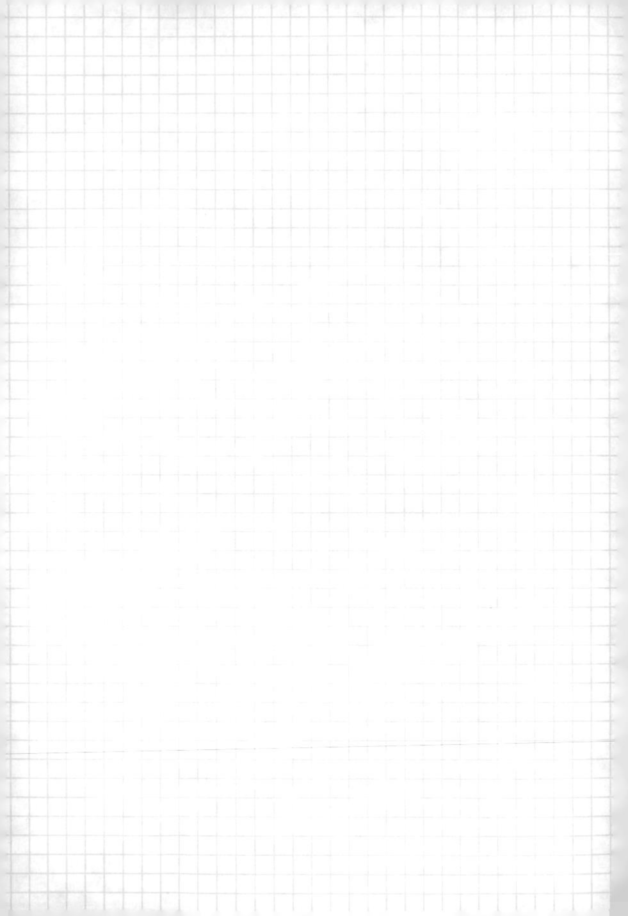

超輕量、墨水不易滲透、不易破、適合鋼筆、硬筆等筆種、追求書寫特性的高級筆記用紙！

用紙　日本進口手帳用巴川紙（Tomoe River）基重 68gsm、米色
朱雀 1-8 號筆記本　64pages、8.5×12cm